Kerim Pamuk

Kiffen, Kaffee und Kajal

Eine kurze Kulturgeschichte
von allem, was uns lieb
und orientalisch ist

INHALT

ÜBERFREMDUNG 0.1   6

DANKBARER DÖNER   14

GEKOMMEN
UND GEBLIEBEN   22

DIE ARABISCHEN
WISSENSCHAFTEN #1   30

COFFEUM
WIRFT JUNGFRAU UM   67

RITTER MIT
SCHNAUZER   83

BESUCH
BEI DEN ELTERN   124

STINKENDE ROSE   135

DIE ARABISCHEN
WISSENSCHAFTEN #2   145

TULIPAN ODER
»EIN TROTTEL UND SEIN
GELD – DIE BLEIBEN NICHT
LANGE ZUSAMMEN!«   170

PFEFFER UND
PFEFFERSÄCKE   191

IM MITTELALTER   206

OPTIMAL
ERLEUCHTET   215

ÜBERFREMDUNG 0.1

Als der Admiral endlich den Algorithmus zum Vervollständigen seines Alkoholarsenals fertiggestellt hatte, ließ er sich ermattet in das Sofa fallen, zog mit Kajal den Lidschatten nach und sinnierte bei einer Tasse Kaffee mit Zucker über seinen beruflichen Zenit, während sein bekiffter Papagei vom Marzipan naschte.

Wenn Sie in der Lage sind, diesen inhaltlich eher mittelschwangeren Bandwurmsatz unfallfrei zu lesen und zu verstehen, können Sie gleich als Lehrkraft in einem humanistischen Gymnasium anheuern. Sie können ebenfalls liebe deutsche Panzer im Nahen Osten verkaufen, die nur zur Verteidigung und zum Flanieren an der Strandpromenade benutzt werden dürfen, oder bei mangelnder seelischer Orientierung auch gern zum Islam konvertieren: Denn Sie sprechen Arabisch! Die obige Sequenz besteht nämlich größtenteils aus arabischstämmigen Wörtern: *Admiral, Algorithmus, Alkohol, Arsenal, matt, Sofa, Kaffee, Zucker, Zenit, bekifft, Papagei, Marzipan.* Und zu kleineren Anteilen beherrschen Sie dazu Persisch, Griechisch und sogar ein paar indische Brocken.

Zumindest lingual ist es viel schrecklicher als es sich ostdeutsche Kreisläufer aus dem Tal der Ahnungslosen vorstellen können. Das Arabische hat den teutonischen Sprachraum schon vor Jahrhunderten islamisiert und ist einfach nicht mehr wegzukriegen. Schlimmer noch, es hat sich dabei – hinterhältig und verschlagen wie Arabisch und Araber nun mal sind – als Italienisch und Französisch getarnt. Da übernimmt man als weltoffener Deutscher die französische und italienische Lebensart, samt Kultur, Kulinarik und Sprache und bekommt Arabisch untergejubelt. Unerhört!

Umgekehrt hätte es auch nicht passieren können, denn im frühen Mittelalter gehörte der Lebensraum germanischer, keltischer und slawischer Waldschrate nicht zu den zivilisatorischen Hotspots. Die befanden sich weiter im Süden, am Mittelmeer. Dort kamen die Bewohner der iberischen Halbinsel und des italienischen Stiefels und auch die Byzantiner durch Kriege und Handel in Kontakt mit den islamischen Reichen in Spanien, Nordafrika und der Levante. Durch diesen teils freiwilligen, teils unfreiwilligen Austausch übernahmen sie neben Waren auch arabische Begriffe und manchmal gleich beides zusammen. Waren und Worte wanderten schließlich mit zeitlicher Verzögerung weiter nach Norden.

Zum Beispiel kannten weder Ost- und Westfranken-, noch die Hoch- und Niederburgunder, noch Normannen samt Nordtannen ein gepolstertes Sitzmöbel für mehrere Personen mit Rücken- und Armlehnen, das

Sofa. Ergo hatten sie dafür auch keine Bezeichnung. Sofa stammt vom arabischen *suffa,* »Erhöhung, Sitzbank«, es ist der abgeleitete Substantiv von *saffa* »in Reihe stehen / in Reihe stellen«. Inzwischen ist das Sofa des Deutschen liebstes Möbelstück auf dem er zwischen Tagesschau und Tatort über den schrecklichen Zustand der Welt philosophiert, sich über die Undankbarkeit von Sozialschmarotzern, Ausländern und den eigenen Kindern beklagt und seine philosophischen Selbstgespräche grundsätzlich mit der immer neuen Erkenntnis abschließt: »Schlimmer kann es ja nicht werden!« Arabische Wörter gelangten also über das Lateinische, Italienische und Französische ins Deutsche. Der Deutsche benutzt eben durchaus gern arabische Waren und Begriffe, wenn er sie für Italienisch oder Französisch hält. So ist der alkoholaffine *Admiral* vom obigen Nonsens-Satz eine Entlehnung des altfranzösischen *amiral, admiral.* Und *amiral* stammt vom arabischen *amir arrahl,* »Befehlshaber der Flotte«.

Bei *matt* denkt man natürlich auch an Schachmatt und liegt damit nicht falsch. Bis zu seiner heute gebräuchlichen Bedeutung als »schwächlich, glanzlos, zerschlagen« hat das Adjektiv eine vorbildliche kulturell-sprachliche Patchwork-Odyssee hinter sich gebracht. *Matt* geht auf das arabische *mata,* »sterben,« zurück und die Araber benutzten beim Schach die Formel *ash-shah mat,* »der König ist gestorben«. Weil die meisten arabischen Schachausdrücke wie *shah* aus dem Persischen entlehnt sind, wird vermutet, dass auch *mat* ursprünglich aus dieser Sprache stammt. Die arabische Formel gelangte im 12. Jahrhundert nach Europa (das Spiel vermutlich schon ein Jahrhundert früher) und über das Französische ins damalige Mittelhochdeutsche. Bei der Transformation in der Bedeutung von »gestorben« zu »ermattet, schlapp« spielte wohl das Altfranzösische ebenfalls eine Rolle, in der es schon vor der lingualen Einreise des arabischen *mat* ein eigenes *mat* im Sinne von »niedergeschlagen, schwach« gab. Über diese Worttransformation sind vor allem Männer dankbar, denn bei schlimmen Gebrechen wie Männerschnupfen, Rücken und Gastritis geben sie zwar an nur »ermattet« zu sein, fühlen sich aber insgeheim wie »tot.«

Unspektakulärer liegt der Fall bei *Arsenal*. Über das Italienische ist es ins Deutsche gelangt. Aus dem arabischen *dar as-sina a*, »Werkstatt«, wurde *arsanale, arsenale* und daraus *Arsenal*. Zur importierten feinen Lebensart führen uns wieder *Tasse* und *Kaffee*, denn Gefäß und Getränk stammen nicht aus dem Manufactum-Katalog sondern aus dem Orient. Schon die ganz alten Perser benutzten eine Schale und nannten sie *tashta*, die mittelalten Perser kürzten zu *tasht* ab, die jüngeren Araber machten *tasa* daraus und brachten das Gefäß mit nach Sizilien und Spanien. Später wurde aus dem Italienischen *tazza* und dem französischen *tasse* die deutsche *Tasse*. *Kaffee* geht auf *qahwa* zurück und machte ebenfalls einen interessanten Bedeutungswandel durch, denn in früher Zeit bezeichneten die Araber mit diesem Wort den Wein. Vermutlich ersetzte der *Kaffee* den Wein, aber den Namen behielt man, was von Pragmatismus oder Cleverness eines Händlervolkes zeugt: Gleiche Etikette, anderer Inhalt.

Einen längeren Weg legte der *Zucker* zurück. Vom altindischen *sarkara* zum arabischen *sukkar* und über das italienische *zucchero* (nicht zu verwechseln mit dem gleichnamigen und fast so alten Schmachtrockbarden) schließlich ins mittelhochdeutsche *zuker*. Der Rest ist selbsterklärend. Besonders originell ist die Geschichte von *Zenit*. Sie beruht auf schlampiges Abschreiben. *Zenit* geht auf *samt ar-ra's*,»Richtung des Kopfes« zurück. Aus *samt* wurde vermutlich die latinisierte Form *zemt*, die wiederum eine zerstreute Leuchte mit einem Knick in der Linse als *zenit* weitergab, also das m durch ni ersetzte, fertig war *Zenit*.

Nun zur Abteilung für Gechillte: Die Mutter des *Kiffens* ist das arabische *kaif*,»Wohlbefinden, gute Laune« – Achtung, wichtiger erkennungsdienstlicher Hinweis für Verkehrspolizisten: Wenn der Fahrer statt panisch nach den Wagenpapieren zu suchen, tiefenentspannt und grinsend ein Gespräch über die Sinnhaftigkeit von Kontrollen und den Polizeistaat führen möchte, liegt es nicht am sonnigen Wetter. Aus *kaif* wurde das türkische *keyf*, dessen allgemeingültige Bedeutung bis heute lautet: Geschwätziges und tiefenentspanntes Nichtstun bei fortlaufender Alkohol- und Tabakzufuhr. Auch die Maghrebiner beherrschten *keyf* meisterlich und kamen auf die brillante Idee das viel zu lange Wort *kaif* auf *kif* zu verkürzen. Weil sich – wie jeder Kiffer weiß – *kiff* im bekifften Zustand viel leichter aussprechen lässt als *kaif*.

Der sprechende Vogel geht auf *babbaga* zurück und über das altfranzösische *papegai* fand es seinen Weg ins Deutsche. Wie aber *babbaga* ins Arabische kam, wussten selbst die Araber nicht genau. Bei der Herleitung von *Marzipan* dampften Philologenköpfe vieler Länder, alle mit dem gleichen Ergebnis: Nichts Genaues weiß man nicht. Einigkeit besteht nur in der Feststellung, weder das Wort, noch die dazugehörige Süßspeise sind europäisch, sondern wegen der Zutaten und Zubereitungsart sehr wahrscheinlich orientalisch. Der Rest sind nicht vollends stichhaltige, aber hochseriöse etymologische Theorien: Es geht um Schachtelnamen, die zum Inhaltsnamen werden, Hohlmaße, byzantinische Münzen mit dem Heiland drauf und hämische Bezeichnungen von Königen, die statt Feinde zu bekriegen lieber auf ihrem Thron dösen. Möchten Sie jetzt trotzdem irgendwie nachvollziehen, wie man von all diesen Erklärungen auf die heutige Bedeutung gekommen ist? Viel Spaß bei der Recherche!

Der Kajalstift ist aus keiner Handtasche von Frauen, theatralischen Männern und allen drama-affinen Geschlechtern dazwischen mehr wegzudenken. *Kajal* stammt von dem sanskritischen *kajjala*, »Ruß« und die indischen Gottesanbeter schminkten sich früher bei ihren Mantra-Messen die Augenränder mit dem Ruß von verbranntem Butterschmalz. Was man halt so macht, wenn man Göttern gefallen will. Auch die Araber legten Wert auf ein gepflegtes Äußeres und nannten ihr Produkt aber *al-kuhl*, »Augenpulver.« Klingt bekannt? Ist es, denn unser *Alkohol* ist eine Entlehnung davon. Natürlich schmierten sich die Araber nichts Hochprozentiges um die Augen, *al-kuhl* nannten sie ein wertvolles und aus Mineralien sehr fein zerriebenes Pulver zum Schminken. Das Wort fand wohl über die hispanoarabische Dialektform *al-kuhul* und über das Spanische *alcohol* den Weg ins Mittellateinische und schließlich ins Deutsche. Seine heutige Bedeutung bekam es wesentlich später. Erst der berühmte Arzt Paracelsus brachte das bis dahin »Lebenswasser« oder »Wasser, das brennt« genannte Ethanol mit dem Begriff zusammen und nannte es *alco(h)ol vini*, »Reinster Weingeist« und wollte vermutlich ausdrücken, dass Ethanol feiner und flüchtiger ist als Wein. Was hartgesottene Schnapsdrosseln sicher bestätigen werden.

Aus keiner anderen nichteuropäischen Sprache sind mehr Begriffe in die Sprachen Westeuropas eingeflossen als aus dem Arabischen. *Tarif, Karaffe, Limonade, Kaliber* stammen genauso aus dem Arabischen wie *Artischocke, Gitarre, Orange, Giraffe, Jacke, Benzin, Sirup* und auch die *Ziffer*. Die Ziffer stammt von *sifr* und machte einen Sprung in der Bedeutung. *Sifr* heißt nämlich »Null, Nichts«, daraus wurde das Lateinische *cifra*, das Altfranzösische *cifre* und das mittelhochdeutsche *zifer* und daraus unsere heutige Ziffer mit der Bedeutung »Zahlzeichen«. Für die Zahl 0 übernahm man die *Null* entweder vom lateinischen *nullus*, »keiner« oder vom italienischen *nulla*, »Nichts«.

Etwa die Hälfte aller eingewanderten arabischen Begriffe haben ursprünglich eine andere Herkunft. Die Araber selbst haben viele Waren und Begriffe von Indern, Persern und Griechen übernommen und sie in ihre Lebenswelt integriert, bevor diese über die Expansion der islamischen Reiche nach Westeuropa gelangten. Der Kultur- und Warentransfer begann im fernen Asien und fand über tausende Kilometer den Weg nach Westeuropa und Araber waren die Transporteure. Das rüttelt natürlich nicht an der Selbstwahrnehmung in diesen Breitengraden. Wo kämen wir da auch hin? Schließlich war und ist das Abendland die Krone der Zivilisation und beglückte mit seinen Errungenschaften den Rest der Welt, ob der wollte oder nicht.

Darum ähnelt Westeuropa im Weltschauspiel zunehmend einer alternden Theaterdiva, die in der Garderobe sitzend immer mehr Schminke und Puder auf ihr Gesicht klatscht und die Falten trotzdem nicht verbergen kann. Und während auf der Bühne das Stück weiterläuft, erzählt sie dem schwerhörigen Hausmeister dauernd von den guten alten Zeiten, als sie der Star war und die ganze Welt ihr zu Füßen lag. Sie war oben und der Rest unten. So blickt die schrumpelige Diva Westeuropa immer noch herablassend und ignorant auf den nahen und erst recht auf den fernen Osten und vergisst, dass viele Jahrhunderte lang Europa politisch, kulturell, kulinarisch und technologisch nur der Hinterhof Asiens war.

Müde lässt sich die Diva auf der Matratze massieren und während sie an ihrer Soda nippt und im Magazin blättert, wird ihr klar: Der Lack ist ab.

Raten Sie, woher *Matratze, massieren, Soda, Magazin* und *Lack* kommen!

DANKBARER DÖNER

Gewöhnlich erwartet der gemeine Deutsche von Menschen mit nichtdeutschen Wurzeln, die in seinem Land leben oder leben wollen, zuallererst Dankbarkeit. Von dieser Erwartungshaltung sind die schon hier geborenen Nachkommen der Einwanderer, die keine andere Heimat als Deutschland kennen, selbstverständlich nicht ausgenommen. Auch sie sollen dankbar sein, ihre Kinder und Enkelkinder natürlich auch noch. Für alles Mögliche sollen sie »Danke« sagen: Für den mehr als ein halbes Jahrhundert lang dauernden und vergeblichen Versuch ihnen und ihresgleichen ein passendes Etikett aufzukleben. Zuerst hießen die meist dunkelhaarigen Neuzugänge »Gastarbeiter«. Während auf den meisten anderen Flecken der Erde Gäste von ihren Gastgebern bewirtet werden, sollen hier Gäste für die Gastgeber arbeiten, Gastfreundschaft à la Teutonia. Danach wurden sie zu »Ausländern« gestempelt, den beziehungstechnischen Höhepunkt erreichten sie als »Mitbürger«, verwandelten sich weiter zu »Migranten«, nahmen die nächste Image-Stufe abwärts zu »Menschen mit Migrationshintergrund« und endeten als »Muslime«, obwohl die große Mehrheit dieser Menschen weder religiös war oder ist, noch sich über die eigenen Religion definiert. Von diesen sprachlichen Stempelversuchen waren Migranten aus dem »christlichen Raum« ausgenommen, sie durften weiterhin Griechen, Italiener, Spanier, Kroaten und Serben heißen.

Weiterhin soll der Migrant dankbar sein, dass er hier leben, arbeiten und/oder Hartz IV beziehen, die Vorzüge der deutschen Straßenverkehrsordnung und des Steuerrechts genießen, bei der Mülltrennung mitmachen und bei Wahlen nicht wählen darf. So wie aber Integration und Respekt keine Einbahnstraßen sind, ist auch Dankbarkeit keine, denn die Inländer haben ebenfalls allen Grund dankbar zu sein. Sie wurden bereichert, nicht nur durch die Milliarden, die jene arbeitenden Gäste in die Rentenkasse und Steuersäcke steckten, sondern auch durch die Kulinarik, die Orientalen nach Europa und Deutschland »eingeschleppt« haben.

Beginnen wir mit dem offensichtlichen und zumindest in den alten Bundesländern für alle sichtbaren kulinarischen Einfluss, an dem kein Passant in keiner Fußgängerzone optisch und olfaktorisch vorbeikommt, dem Dönerimbiss. Er gehört zur zweiten Stufe des migrantischen Unternehmertums. Die erste Stufe bildeten Gemüseläden, die vor allem türkische Einwanderer eröffneten, wenn Sie keine Lust mehr auf Fabrik, Schichtarbeit und Vorarbeiter hatten. Dies lag nahe, da die meisten Einwanderer aus den ländlichen Gebieten Anatoliens kamen und sich als Bauern im besten Sinne mit Obst und Gemüse auskannten. In der zweiten Stufe gestaltete sich der Schritt vom Angestellten zum eigenen Chef weniger kompetenzlastig: »Ich esse gerne Fleisch und so einen Spieß rundherum absäbeln kriege ich auch noch hin!«

Ganz im Gegensatz zum urorientalischen Prinzip »Mehr ist mehr« eröffneten sie Imbisse, die durch ihr asketisches Interieur jeden Spartaner beeindruckt hätten. Weiße Stehtische und Hocker aus Plastik, Besteck aus Plastik, Salz-, Pfeffer-, und Chilistreuer aus Plastik und Teller selbstverständlich auch. Gäbe es große Kühltresen aus Plastik, der türkische Gastronom wäre entzückt. Überflüssig zu erwähnen, dass ihm der große blutrote Dönerspieß in dickem Plastik verschweißt geliefert wird, den er mit einem Feuerzeug vom Fleisch trennt. Wieviel verbrannter Kunststoff bei dem Prozedere am Spieß hängen bleibt, ist schwer einzuschätzen, aber die ersten Dönerkunden des Tages schätzen das besondere Aroma.

Von oben strahlt im Imbiss grundsätzlich grelles weißes Licht, das auch Folterknechte des CIA gerne einsetzen und von unten wird diese Illumination vom grellweiß gekachelten Boden hervorragend reflektiert. Dadurch sieht man zwar jeden Krümel auf dem Boden, aber für die Reinigung braucht man wie beim Schlachter nur Wasser, Chemie und Schrubber. Natürlich wird der farbliche Kontrapunkt im Meer des ganzen Weiß nicht vergessen: Die Speisetafel. In bunten Lettern auf bunt illuminiertem Grund preist der Teilzeitgermanist seine Speisen an und fügt der deutschen Sprache schöne Blüten bei:»auf Scharf, mit Scharf, ohne Schaf, zum Mitnehme, außer Haus, Nudeln alla Chef«. Orthographisch werden mit sämtlichen statistisch möglichen Schreibweisen von »Tsatsiki« wahre Gipfel erklommen. Ein von der Decke hängender Fernseher, auf dem ständig in Kasernenlautstärke Videoclips laufen, rundet die Innengestaltung ab.

Wie bei der Reinigung liegt beim Service der Schwerpunkt ebenfalls auf Tempo und Effizienz. Ohne unnötige Freundlichkeit, die den Betriebsablauf stören könnte, wird jede Kundin und jeder Kunde mit dem Dreiklang »Ja? Bitte? Nächste?« abgefertigt. Seine Lebensgeschichte kann man der Kassiererin im Supermarkt ins Ohr quatschen, nicht aber dem Dönermann. Er möchte nicht quatschen und noch weniger zuhören, sondern so viele Kunden wie möglich in so kurzer Zeit wie möglich durchschleusen. Viele Worte, wenig Umsatz, wenig Worte, viel Umsatz. Tragikomisch wird es, wenn sich vegane Hipster in so einen Imbiss verirren und die üblichen hundert Fragen nach Herkunft und Beschaffenheit der Zutaten stellen, jedes Mal ein harsches »Nein« als Antwort bekommen und schließlich mit einem gefüllten Fladenbrotviertel voller Tomaten und Salat davonziehen. Lockere Veganer, die ihr hedonistisches Veganerleben nicht als Dschihad zelebrieren, lassen sich verschämt noch einen Löffel Tsatsiki draufklatschen.

Betrachtet man die Dönerläden von der Straße, wird deutlich, was für ein großer Humorist in jedem einzelnen Dönerchef steckt. Während der finanziell goldenen Anfangsjahre hing an den Läden eine große Fahne, auf der ein dicker schnauzbärtiger Türke neben einem noch dickeren Dönerspieß stand, mit einem langen Säbel in der Hand natürlich. Vermutlich sollte die Fahne Appetit auf einen Döner Kebap machen, was nicht wirklich gelang. Denn bei manchen Deutschen triggerte ein morgenländisch aussehender, bärtiger Mann mit einem Säbel in der Hand die Jahrhunderte alte, tiefsitzende Angst vor der »Türkengefahr«. Oder war dieses dezente Stillleben die erste versteckte Kampagne der Tierschutzorganisation PETA gegen Tierquälerei?

Bei der Namensgebung dieser kulinarischen Tempel nehmen es die Imbissunternehmer locker mit jedem Kreativen aus der Werbebranche auf. Nur Friseure können ihnen namenstechnisch das Wasser reichen. Hier ein paar Beispiele aus dem Kreativduopol Dönerimbiss versus Friseursalon:

Istanbul 2 – Schnitt-Stelle
Star Döner – Vor Hair nach Hair
Istanbul 3 – Haareszeit
King Döner – Haarmonie
Istanbul 4 – Kopfsache
Royal Kebap – Hairport
Istanbul 5 – HairTie
King Kebap – Hairlich
Istanbul 6 – die HairRichter
Galaxy Döner – Salon Krehaartivität.

Noch Fragen?

Inzwischen findet man in größeren westdeutschen Städten Döner-Restaurants, die zwar noch weit diesseits von Michelin-Sternen operieren, aber Gastlichkeit und Service für die Kundschaft entdeckt haben. Die Inneneinrichtung besteht aus viel Chrom, fluoreszierenden Deckenfarben, epischen Wandmalereien, ausladenden Sitzecken und schweren Holzstühlen und den obligatorisch weiß gekachelten Böden. Türkische Gastronomen müssen ihre Lokalitäten auch »pimpen«, denn die ausländisch Mitkonkurrenz schläft nicht. Arabische Imbisse bereichern das Angebot und vor allem asiatische Gaskochzeilen mit babywannengroßen Woks. Hinzu kommen chinesische, koreanische, vietnamesische, thailändische und japanische Schnellküchen, um nur einige Untersektionen zu nennen, die aber den deutschen Gourmet mit traditionell gesunder Ignoranz nicht sonderlich interessieren. Entweder er geht deutsch essen (Kneipe), italienisch (Roma, Napoli, Milano, Bei Carlo, Bei Giovanni, Bei Alberto, Bei Franco, bei Ciao Bello&Bella), türkisch (türkisch, syrisch, jordanisch, arabisch, irgendwas mit Knoblauch halt), griechisch (Lesbos, Knossos, Olympos, Rhodos, Dionysos, Gyros, Hauptsache Fleischplatte und Krautsalat), oder eben asiatisch (Chicken Tandoori, Chicken Biriyani, Chicken Korma, Chicken Chicken, irgendein Curry oder eben Sushi, möglichst roh, möglichst kleine Minirollen zu möglichst hohem Preis), das sind ihm Auswahl und Kategorien genug.

Lange Jahre haben asiatische Imbissbetreiber noch weniger in ihre Läden investiert als türkische (was schon eine Leistung an sich war) und den Kunden unter anderem leere Getränkekisten als Sitzgelegenheiten angeboten. Aber der Fortschritt macht auch vor dem knauserigsten chinesischen Selbstausbeuter nicht halt. So hat sich bei ihm und seinesgleichen die Erkenntnis durchgesetzt, dass der Kunde Freundlichkeit und Service eher schätzt als karge Kommunikation im gebellten Ton und eine verschmierte schmale Ablagefläche, auf der man nicht mal eine Cola abstellen kann. Den Menschen bietet sich eine schöne Bandbreite verschiedener Küchen, in denen man oft gut und günstig und öfter schlecht und billig dafür aber reichhaltig essen kann. Über die Qualität von Speisen und Zutaten der Billigliga schweigen wir vornehm. Anders gesagt: Wer einen Dönerteller oder Hühnerfleisch Chop Suey für vier Euro will, sollte seine kulinarischen Ansprüche an der nicht vorhandenen Garderobe abgeben.

Zumindest dem Döner Kebap wurde aber das Image des billigen Fastfoods nicht an den Spieß gelegt, das bekam es erst durch die Metamorphose zum industriell hergestellten Massenprodukt. Ursprünglich wurden mehrere Scheiben aus tatsächlichem Fleisch mariniert übereinander gespießt und anschließend drehend gegrillt. Das taten schon die Osmanen Mitte des 19. Jahrhunderts. Sie stapelten Fleisch auf einem Spieß und brieten es drehend über dem Feuer wie Asterix und Konsorten das Wildschwein, in der Waagerechten. Der evolutionäre Quantensprung, den Spieß senkrecht zu grillen, vollzog sich dann im 20. Jahrhundert mit der Erfindung entsprechender Technik.

Wer auf diese brillante Idee kam, ist nicht bekannt, aber selbstverständlich hat der Erfolg viele Väter und so beanspruchte unter anderem ein Berliner Türke in den 70ern des letzten Jahrhunderts der »Erfinder« des Döners zu sein. Was er durchaus hätte sein können, wenn er das Alter einer Galapagos-Schildkröte erreicht und sich Mitte des 19. Jahrhunderts schon in Anatolien rumgetrieben hätte.

Die Hersteller von Dönerspießen spielen heutzutage eine gewichtige Rolle in der hiesigen Fleischindustrie, operieren europaweit und ihr Produkt hat es sogar bis in die USA geschafft. Döner Kebap ist ein deutsch-türkischer Exportschlager und wird im Ausland als »German Food« angeboten. So ist dem Döner gelungen, was seinen Herstellern und Verkäufern im Inland bisher partout nicht glücken will: Im Ausland ist der Döner schon mal Deutscher.

GEKOMMEN UND GEBLIEBEN

Sie sind Rentner und leben in Hamburg-Winterhude. Die große Tochter arbeitet als Frauenärztin in ihrer eigenen Praxis, der Sohn ist glücklicher Freiberufler und die kleine Tochter arbeitet bei einem großen IT-Unternehmen in Bremen. Zekiye und Sabri Pamuk haben das Feld bestellt, sie können ihr Leben nun genießen und ihre sechs Enkelkinder verwöhnen. Und wenn ihnen die Hamburger Jahreszeiten Frühling-Herbst, Sommer-Herbst und Herbst-Winter-Herbst zu viel werden, fliehen sie an die türkische Mittelmeerküste.

Als sich Zekiye vor fast fünfzig Jahren, im Frühjahr 1972, auf dem Weg ins gelobte Land »Almanya« machte, stellte sie sich dieses »Ende« ihrer Geschichte nicht mal in den kühnsten Träumen vor. Gemeinsam hatten Zekiye und Sabri beschlossen auszuwandern, weil ihnen die Heimat nur eine Zukunft auf den Haselnuss- oder Tabakfeldern zu bieten hatte, deren Erträge kaum zum Überleben reichten. Sie wollten aber ein besseres Leben, ihren beiden Kindern eine Schul-

ausbildung ermöglichen und nicht ein Leben lang auf
den Plantagen schuften. Und Deutschland brauchte
nach der ersten großen Anwerbewelle in den Sechzigern noch weitere Gastarbeiter. Der Wirtschafts-
aufschwung schuf immer noch neue Arbeitsplätze,
für die sich nicht genug Einheimische fanden. »Über
Deutschland wussten wir eigentlich nur zwei Dinge«,
sagt Sabri heute, »es gab dort Arbeit und gutes Geld
dafür, mehr nicht.«

Mit anderen jungen Frauen von der Schwarzmeerküste setzte sich Zekiye in den Bus nach Istanbul.
Sabri, die vierjährige Tochter und der zweijährige
Sohn blieben zurück. Sabri sollte sobald wie möglich
nachkommen, die Kinder nicht. Die Eltern wollten ja
nur ein paar Jahre in Deutschland arbeiten, um dann
mit dem Verdienten in der Heimat neu anzufangen,
warum sollte man da die Kinder aus ihrer gewohnten Umgebung reißen? In Istanbul angekommen,
unterzog sich Zekiye im Verbindungsbüro einem Ge-
sundheitscheck. Wer von den Ärzten nicht für gesund
und arbeitsfähig befunden wurde, musste wieder die
Heimreise antreten. Zu den Ausschlusskriterien gehörte unter anderem eine Schwangerschaft. Deutschland brauchte robuste junge Frauen, keine Mütter mit
schreienden Babys. Zekiye hatte Glück, sie wurde für
gesund und nicht schwanger erklärt.

Ins Verbindungsbüro kamen ebenfalls die Personal-
chefs deutscher Firmen, um sich vor Ort die zukünftige Belegschaft selbst auszusuchen. Am nächsten
Morgen stand Zekiye neben anderen Frauen in einer

Reihe und wartete. Herr Eckhof betrat den Raum. Der Personalchef der Firma Kühne aus Hamburg ging die Reihe ab und deutete mit dem Finger auf alle jungen Frauen, die er für seine Firma haben wollte. Insgesamt suchte er 40 Frauen aus, darunter auch Zekiye. Die Frauen wurden nach München geflogen und bekamen bei der Ankunft einen Beutel Verpflegung für die Weiterreise in die Hand. Anschließend ging es mit dem Zug weiter in die Hansestadt. »Wir wurde in einem Wohnheim im Nordosten Hamburgs untergebracht. Die Frau des Hausmeisters verteilte uns auf die Zimmer. Pro Zimmer gab es sechs Betten und einen großen Schrank mit sechs Fächern. Duschen und Toiletten waren im Flur.« An die folgende Geschirrausgabe erinnert sich Zekiye noch genau: »Jede von uns wurde genau mit einem Löffel, einer Gabel und einem Teller ausgestattet.« Danach durften sie sich einen Tag lang ausruhen.

Die Einarbeitung dauerte nicht lange. »Ich stand am Fließband und steckte saure Gurken in Gläser, von 7 bis 16 Uhr, mit 45 Minuten Pause dazwischen. Das war meine erste Arbeit in Deutschland.« Und die Kommunikation mit deutschen Kolleginnen? »Zuerst verständigten wir uns nur mit Händen und Füßen, manchmal halfen andere Landsleute, die schon länger bei Kühne arbeiteten, und schließlich lernten wir mit der Zeit selbst ein bisschen Deutsch.« An manchen Wochenenden besuchte sie ihren großen Bruder, der schon seit den Sechzigern in Hannover lebte. Insgesamt dreizehn Monate arbeitete Zekiye an den Fließbändern der Firma Kühne und hielt mit Briefen Kontakt zu Sabri. »Alle Briefe an uns kamen beim Pförtner an, der sie an die Scheiben seines Häuschens lehnte, damit man von draußen gleich den Empfänger sehen konnte. Nach jeder Schicht liefen wir aufgeregt wie Hühner zum Pförtnerhäuschen, um zu gucken, ob ein Brief für uns an der Scheibe war. Bei den Glücklichen, die ihre Namen fanden, war die Freude groß. Bei anderen, die vergeblich suchten, flossen oft Tränen. Kein Brief hieß, keine Lebenszeichen von der Familie, keine Nachricht aus der Heimat.«

Ein Jahr später konnte sie Sabri im Rahmen der Familienzusammenführung nachholen. Seine Anreise war weniger komfortabel, er brauchte mit dem Zug von Istanbul nach Hamburg vier Tage. Zunächst mussten sie ein Zimmer bei einem Landsmann anmieten, der wiederum seine Wohnungsmiete auf originelle Weise refinanzierte, wie Sabri immer noch staunend erzählt: »Es war nur eine Drei-Zimmer-Wohnung, aber er hatte tatsächlich ein weiteres Zimmer an ein anderes Paar untervermietet. Er selbst lebte mit drei kleinen Kindern und seiner Frau im dritten Zimmer und wohnte damit praktisch umsonst. Keine Ahnung, wie sie es zu fünft in einem einzigen Zimmer ausgehalten haben, der Landsmann hatte es mit dem Geldverdienen wohl sehr eilig. Aber manche heutigen Probleme hatte Hamburg schon damals, es gab viel zu wenig Wohnraum.«

Sabri fing als Reinigungskraft im gerade neu gebauten Plaza Hotel am Dammtor an wie fast alle nachgeholten Ehemänner der türkischen Kühne-Arbeiterinnen. 25

Nebenher besuchte er Sprachkurse. Schließlich fanden Zekiye und Sabri 1974 über eine Zeitungsanzeige eine Zwei-Zimmer-Wohnung im bürgerlichen Stadtteil Winterhude und konnten beim sparsamen Großvermieter endlich ausziehen. Im selben Jahr flogen die beiden auch in den ersten Heimaturlaub. Nach zwei Jahren sah Zekiye ihre Kinder wieder.

Wieder in Hamburg fingen sie gemeinsam bei Lumoprint an, einer Firma, die Fotokopierer herstellte. Zekiye arbeitete am Montageband und Sabri in der Dreherei. Die folgenden Jahre vergingen im Rhythmus von elf Monaten Arbeit in Hamburg und einem Monat Heimaturlaub. Währenddessen wuchsen die Kinder bei Sabris Vater auf. Selbst in den wenigen Urlaubswochen konnten sich Zekiye und Sabri kaum um ihre Kinder kümmern, weil sie von Familie und Verwandtschaft mit anderen Verpflichtungen beladen wurden: »Als ob sie ein ganzes Jahr lang sämtliche Probleme und zu erledigenden Dinge sammelten, die wir dann in nur vier Wochen lösen und erledigen durften. Wir waren so jung und naiv und versuchten es tatsächlich nach besten Kräften.« Alles andere als erholt, packte Zekiye schließlich die Koffer für die Rückreise und bat ihre Schwägerin Gülten, mit den Kindern zum Spielen an den Fluss zu gehen. Sie sollten nicht sehen, wie ihre Urlaubseltern wieder verschwanden. Wie hat sie als junge Mutter Ende zwanzig dieses jährliche Abschiedsritual verkraftet? Das Leben ohne die eigenen Kinder in Hamburg? Zekiye ringt lange um Worte. »Das kann ich bis heute nicht beschreiben«, sagt sie mit belegter Stimme, »so eine Erfahrung wünsche ich niemandem.«

Nach sieben Jahren in Hamburg mussten Zekiye und Sabri sich eingestehen, dass es mit der »schnellen« Rückkehr nichts mehr werden würde. Mit dem bisher verdienten Geld hatten sie ihre Schulden in der Heimat beglichen und die Familie versorgt, aber noch nichts für sich selbst kaufen oder aufbauen können. Bekannte und Freunde, die tatsächlich schon wieder zurückgekehrt waren, bereuten die Rückkehr ausnahmslos. Dazu herrschten in der Türkei Ende der siebziger Jahre bürgerkriegsähnliche Zustände. In einem politisch vergifteten Klima lieferten sich rechte und linke Gruppierungen täglich gewalttätige Auseinandersetzungen und das ganze Land war bis ins letzte Kuhdorf politisiert. Jeder musste sich zu einem politischen Lager bekennen und dementsprechend handeln. »Es starben viele Unbeteiligte, weil sie versehentlich zwischen die Fronten gerieten«, erzählt Sabri, »wir bekamen Angst, dass unseren Kindern etwas ähnliches passieren könnte. Und wir hatten uns schon sehr an das Leben in Hamburg gewöhnt, mehr als wir uns eingestehen wollten.« Endlich holten sie die Kinder nach. Ihre Tochter Nurten war elf Jahre alt und Sohn Kerim neun.

Sie schulten die beiden ein, unterstützten sie bei der Eingewöhnung in das neue Leben nach besten Kräften, stießen aber bald an Grenzen, wie Zekiye einräumt: »Wir arbeiteten den ganzen Tag und hatten noch einen Nebenjob vier Mal die Woche. Und wir kannten uns im hiesigen Schulsystem nicht aus. Für die beiden Kinder war alles neu, die Sprache, die Schule, die Umgebung und selbst die Eltern waren ja neu. Wir waren damals keine große Hilfe.« Nur langsam gewöhnten sich Eltern und Kinder aneinander.

Die 1980er Jahre brachten weitere Veränderungen ins Leben: Zekiye und Sabri bekamen 1981 eine kleine Tochter, Yasemin, und sie mussten sich nach einer neuen Arbeit umsehen, weil Lumoprint pleite gegangen war. Sabri fand schnell eine Anstellung in der Dreherei bei Rotring, einem Schreibartikelhersteller. Etwas später kam Zekiye bei einer Tochterfirma von Rotring unter, bestückte und lötete dort Leiterplatten. Nach sechs Jahren wurde sie wiederum entlassen. »Langsam wurde alles automatisiert, und Roboter begannen unsere Arbeit zu machen. Für ungelernte Kräfte wie mich wurde die Arbeit immer knapper.« Sie konnte noch ein Jahrzehnt bei zwei anderen Elektronikfirmen unterkommen, aber danach war Schluss: »Ich saß mit vielen anderen in einer Schulung der Arbeitsagentur und sollte lernen, wie man mit dem Computer eine Bewerbung schreibt. Ein Haufen arbeitsloser Arbeiterinnen Anfang fünfzig schrieb Bewerbungen für Stellen, die es längst nicht mehr gab.«

Sabri hatte mehr Glück und blieb bei Rotring, bis er in Rente ging. Dennoch konnte er die Folgen der Globalisierung aus nächster Nähe verfolgen. Seine Firma wurde von einem internationalen Konzern übernommen, der weitere Schreibartikelhersteller wie Parker aufkaufte: »Sie lösten den Parker-Produktionsstandort in Baden Baden auf und verlagerten die Herstellung nach Hamburg. Dafür wurden ganze Abteilungen von Rotring nach China verlegt. Von den Chefs gab es immer dieselbe Begründung: Die Produktionskosten in Deutschland seien viel zu hoch. Als ich bei Rotring damals anfing, arbeiteten in meiner Abteilung 26 Dreher in zwei Schichten, als ich in Rente ging, waren es mit mir nur noch zwei. Und kurze Zeit nach meiner Pensionierung haben sie den Produktionsstandort Hamburg völlig aufgelöst.« Er ist froh, dass er bis zum Schluss arbeiten konnte und keine Angst mehr um seinen Arbeitsplatz haben muss. Jetzt kann er mit seiner Frau den verdienten Ruhestand genießen.

Wenn sie auf ihr bisheriges Leben zurückblicken, gibt es etwas zu bereuen, was würden sie im Nachhinein anders machen?»So schnell wie möglich die Kinder nachholen«, antworten die beiden sofort,»und ein Haus würde ich kaufen«, ergänzt Sabri. Denn nach bald einem halben Jahrhundert ist Hamburg längst ihre zweite Heimat geworden. In die erste können sie jetzt öfter fliegen, vor allem, wenn die Herbst-Winter-Herbst-Saison beginnt, aber der Lebensmittelpunkt wird Hamburg bleiben.»Wir haben die Kindheit unserer Kinder verpasst, aber unsere Enkel möchten wir auf jeden Fall aufwachsen sehen«, sagt Zekiye, und Sabri nickt.

DIE ARABISCHEN WISSENSCHAFTEN #1

Was bisher geschah ...

Muhammad wird um 570 u. Z. in Mekka geboren und hört Stimmen, obwohl er nicht kifft. Die Stimmen hören nicht auf, auf ihn einzureden, bis er kapiert, er ist berufen, Gott hat ihn gerufen, damit er den Arabern eine Alternative zu Christentum und Judentum gibt: Islam. Aber auch davon sind die Araber nur mäßig begeistert, weil das Geschäft mit der Vielgötterei gut läuft und das Ein-Gott-Modell nicht viel Profit verspricht. Muhammad bleibt hartnäckig, er ist schließlich Prophet und überzeugt mit Wort, Tat und Überfällen auf Karawanen der Viel-Gott-Anhänger. Schließlich zieht er als Sieger in Mekka ein, schafft die Götter ab, installiert Allah und stirbt. Das Problem, er hat keinen Sohn gezeugt, ergo gibt's Zoff um die Nachfolge. Die ersten Nachfolger des Propheten, Kalifen genannt, sind trotzdem schnell gefunden, weil Buddies von Muhammad, teils Schwiegerväter, teils Schwiegersöhne. Bei Nummer vier gibt's wieder

Stress, weil er zwar Cousin und Schwiegersohn, aber ein schlechter Taktiker ist. Ein anderer setzt sich durch, von einem anderen Clan, den Umayyaden, obwohl die Mitglieder des Clans den Parvenü Muhammad anfangs verachten, dann aber Trittbrettfahrer des unaufhaltsamen Zugs Islam sind. In der Not frisst der arabische Kaufmannsadel auch Kreide und die Kaaba ist ja immer noch da, auch wenn sie nicht mehr soviel Gewinn abwirft wie früher. Knappe hundert Jahre stellen die Umayyaden den Kalifen und residieren in Damaskus, bis ein anderer Clan Tabula rasa macht, aber so richtig. Der Clan der Abbasiden, der Prophetenfamilie viel näher, aber bisher zu kurz gekommen, eifersüchtig und berstend vor Ehrgeiz. Die Abbasiden töten fast alle männlichen Mitglieder der Umayyaden und übernehmen den Kalifenthron, machen Bagdad zu ihrer Hauptstadt und behalten das Kalifat für satte 500 Jahre.

Finden Sie Zusammenfassung zu kurz? Kein Problem, lesen Sie selber und länger über die islamische Geschichte, aber bitte nicht die Bücher der üblichen Verdächtigen. Nicht von Auslandskorrespondenten, die nach zwei Jahren im Nahen Osten automatisch Experten des gesamten Orients von Marrakesch bis Mumbai sind und als Abfallprodukt ihres Auslandaufenthalts schnell nochmal ein Buch mit dem obligatorischen, nichtssagenden und totgelutschten Untertitel »Zwischen Tradition und Moderne« schreiben. Nicht von Terror- also Islamexperten, die selbst auf dem Cover sind. Im Hintergrund sieht man immer in dunkle Wolken gehüllte Minarette, oder ein Haufen Burkaladies oder vermummte kalaschnikow-schwenkende Schwachköpfe. Bitte auch nicht Bücher von »Islamkritikern«, die Kolumnen für die Bild schreiben oder von orientstämmigen nützlichen Idioten der neuen Rechten, die ihre ganz persönliche Muhammad-Biographie verfassen. Lesen Sie bitte Bücher von echten Islamwissenschaftlern, Bücher von Albrecht Noth, Gernot Rotter, Tilman Nagel, Thomas Bauer und Gudrun Krämer. Sie können schon von weitem erkennen, dass es gute Bücher von richtigen Experten sind, denn auf keinem einzigen Cover sind die Autoren selbst drauf.

Wie gesagt übernahmen die Abbasiden das Kalifat, 750 u. Z., und der Fünfte war der legendäre Harun al-Rashid aus 1001 Nacht, nur dass der echte Harun ein Pantoffelheld zwischen zwei starken Frauen war, die eine war seine Mutter und die andere seine Hauptfrau. Und bei Harun steigen wir in die Geschichte ein ...

Spielschulden

Schon der Geburtstag war bedeutungsschwanger und ging in die Geschichte als »die Nacht der drei Kalifen« ein. Am 14. September 786 u. Z. starb sein Onkel, der amtierende Kalif. Sein Vater wurde zum Nachfolger ernannt und er, al-Mamun, der zukünftige Kalif, kam auf die Welt. Mit seinem vollständigen Namen hätte er heute enorme Schwierigkeiten bei der Einreise in die USA, er hieß: Abu l-Abbas Abd Allah bin Harun al-Rashid al-Mamun. Ein Spross der Abbasiden-Dynastie. Al-Mamun sollte der größte und bedeutendste

Förderer der Künste und Wissenschaften der islamischen Reiche werden. Den Namen *al-Mamun* »der Vertrauenswürdige« verlieh ihm sein Vater, der legendäre Harun al-Rashid, bekannt aus Funk, Fernsehen und den Märchen aus 1001 Nacht.

In vielerlei Hinsicht war al-Mamuns Vater, also der reale Harun al-Rashid irdischer als die mythische Figur aus den bekannten Geschichten und ein echtes Mami-Söhnchen. Haruns Karriere begann holprig und ohne die tatkräftige Unterstützung durch Mutter und Berater wäre er historisch nicht weiter aufgefallen. In der Thronfolge war Harun nach seinem Bruder al-Hadi an zweiter Stelle vorgesehen und nicht erpicht, daran etwas zu ändern, aber beider Mutter Khayzuran, eine ehemalige Sklavin aus dem Jemen und sein Lehrer und Berater Yahya bin Khalid hatten anderen Pläne und bearbeiteten den Kalifen-Hof solange bis Haruns Vater al-Mahdi sich bereit erklärte, seinen insgesamt drittältesten Sohn Harun al-Rashid bei der Nachfolge auf Platz eins zu setzen. Al-Mahdi wollte seinem geschassten Filius al-Hadi die Botschaft persönlich überbringen und ihn notfalls zum Verzicht zwingen und machte sich auf dem Weg von Bagdad in die Provinz Gurgan am Kaspischen Meer, wo al-Hadi gerade residierte. Al-Mahdi starb auf der Reise unter mysteriösen Umständen und der hitzige und genusssüchtige al-Hadi wollte natürlich nicht verzichten und ging nach Bagdad, um seinen Anspruch auf das Kalifat durchzusetzen, was ihm zunächst gelang. Er wurde zum neuen Kalifen ausgerufen, hatte gleich mit Aufständen und Unruhen zu kämpfen, die er teilweise brutal niederschlagen ließ. Al-Hadis Kalifat dauerte nur 13 Monate und endete mit seinem Tod. Zum Verhängnis wurden ihm weder Brutalität noch Hedonismus, sondern die Missachtung der ewig gültigen Lebensweisheit: Leg dich nicht mit Mama an!

Khayzuran hatte schon fleißig bei ihrem Mann al-Mahdi mitregiert und dachte nicht daran, beim Sohn damit aufzuhören, der es auch noch gewagt hatte, ihren Willen zu missachten. Al-Hadi versuchte mehrfach seine Mutter in die Schranken zu weisen und eine Quelle berichtet, er hätte sogar versucht, sie zu vergiften. Er bedrängte auch noch seinen Bruder Harun, auf den Anspruch als Nachfolger zu verzichten. Vermutlich auf Anraten von Khayzuran und Yahya lehnte Harun empört ab. Daraufhin ließ al-Hadi seinen Bruder samt Berater einkerkern und hatte wohl die Absicht, beide töten zu lassen. Hätte er nicht machen sollen, denn Mama Khayzuran grätschte dazwischen. Sie holte die beiden wieder aus dem Gefängnis und kurze Zeit später starb al-Hadi völlig überraschend und der Weg für Harun al-Raschid war frei. Ob und welche Rolle Khayzuran beim Tod ihres älteren Sohnes spielte, blieb im Dunkeln, die Zeitgenossen waren sich aber sicher, wer die Fäden gezogen hatte.

Die Bilanz des Kalifats von Harun al-Raschid könnte man mit »erfolgreich nach außen, durchwachsen nach innen« beschreiben. Aus Dankbarkeit für die Loyalität und Treue ernannte er Yahya zum Wesir, der wiederum seine beiden Söhne al-Fadl und Djafar gleich mal mit in die Administration holte. Die drei Perser regierten und verwalteten das Riesenreich, während Harun sich als frommer, sunnitischer Muslim und Glaubenskrieger gab, Kriege gegen Byzanz führte, die Schiiten unterdrückte, immer wieder aufflammende Rebellionen niederschlug und freundliche Beziehungen zu Karl dem Großen unterhielt. Man tauschte von Großherrscher zu Großherrscher Nettigkeiten und Geschenke wie Elefanten, Smaragde und Stoffe aus. Beeindruckend war al-Rashids Reproduktionsquote, er zeugte insgesamt elf Söhne, die Anzahl der Töchter ist nicht überliefert, dürfte sich aber in ähnlicher Größenordnung bewegen. Seine Hauptfrau war Zubayda, eine Cousine und damit vom alten »arabischen Adel« wie er selbst. Natürlich hatte er noch diverse Konkubinen und mit einer davon, eine Perserin namens Maradjil, zeugte er seinen Erstgeborenen, al-Mamun. Glaubt man den Chronisten, ist der bedeutendste Kalif der Abbasiden-Dynastie nur gezeugt worden, weil al-Rashid Spielschulden einlösen musste. Seine Hauptfrau Zubayda, eine rundliche Schönheit und deshalb von ihrem Großvater *Zubayda*, »Kleine Butterkugel« genannt, habe ihn beim Schach geschlagen und zum Beischlaf mit der schäbigsten Sklavin der Küche verdonnert. Zubaydas Wunsch war Haruns Befehl und al-Mamun das Ergebnis.

Super Plan – der nicht klappt

Kurz nach der Geburt al-Mamuns starb die arme Frau und er kam unter die Fittiche von Zubayda, die selbst ein halbes Jahr später einen Sohn gebar, den ihr Göttergatte *al-Amin* nannte, was man mit »der Verlässliche« übersetzen kann. Harun al-Rashid war fleißig und kreativ bei der Namensgebung. Al-Mamun genoss eine unbeschwerte Kindheit in Bagdad, der prächtig gedeihenden Kapitale der Abbasiden-Dynastie, die noch keine fünfzig Jahre auf dem Buckel hatte. Von seinem Vater Harun wurde al-Mamun wohl trotz »unedlerer« Herkunft nicht weniger geliebt als sein Stiefbruder al-Amin. Er war hochintelligent und bekam eine umfassende Ausbildung, sie reichte von Mathematik, Arabisch, Poesie, Musik bis zur jungen und noch im Entstehen begriffenen islamischen Theologie inklusive der Auslegung von Hadithen und Gesetzeswissenschaft. Später sollte der wissenshungrige al-Mamun »der intellektuellste Kalif der Abbasiden« werden, wie ein Standardwerk der Islamwissenschaft schreibt. Schon während der Jugend wurde deutlich, dass er in vielem fähiger war als sein etwas jüngerer Bruder mit der »edleren« Abstammung, trotzdem wurde al-Amin von Kalif Harun zum Prätendenten bestimmt und al-Mamun bei der Nachfolge auf Platz zwei gesetzt. Seinen vorerst jüngsten Sohn al-Mutasim – mit einer türkischstämmigen Konkubine namens Marida gezeugt – packte Harun auf Platz drei. Er war sehr fleißig – und fromm.

Konkret sah die Regelung eine inoffizielle dreifache Reichsteilung vor: Al-Mutasim sollte über Kleinasien herrschen und weiterhin Byzanz ärgern, al-Mamun über den großen Ostteil des Reiches von Persien bis Indien und al-Amin das Kalifat übernehmen und den arabischen Teil bis nach Westafrika regieren. Oberhaupt des gesamten Reiches sollte der zukünftige Kalif al-Amin werden. Harun wollte es besser machen als sein Vater und legte diese Regelung bereits fest als alle drei Söhne noch minderjährig waren. Um seinem Willen vermutlich noch mehr Nachdruck und Autorität zu verleihen, verkündete al-Rashid sie während der Pilgerfahrt in Mekka, im Jahr 802 u. Z. und die anwesenden Teenager al-Mamun und al-Amin, vertrauenswürdig und verlässlich, mussten darauf feierlich einen Schwur ablegen. Erbfolge und Schwur wurden schriftlich aufgezeichnet, versiegelt und in der Kaaba hinterlegt. Nach der Rückkehr legte al-Rashid in Bagdad brutal die Weichen für das zukünftige Kalifat von al-Amin, in dem er seinen alten Berater Yahya bin Khalid und dessen beide Söhne kaltstellte und ihren gesamten Besitz konfiszieren ließ. Yahya wurde mit seinem Sohn al-Fadl ins Gefängnis gesteckt und den anderen Sohn Djafar ließ Harun hinrichten.

Das rabiate Vorgehen al-Rashids kam für die Untertanen aus heiterem Himmel und hatte wahrscheinlich mehrere Gründe: An seinem Hof gab es zum einen die arabische Fraktion um seine Frau Zubayda und die persische Fraktion um Yahya und seine Söhne, denen al-Mamun nicht nur wegen der halbpersischen Herkunft sehr nahe stand. Mit der Ernennung al-Amins zum Nachfolger behielt Zubayda in diesem Ringen um Macht, Einfluss und Pfründe zunächst die Oberhand. Zum anderen waren wohl Yahya und seine beiden Söhne an den Schaltstellen des Reiches zu mächtig und bestimmend geworden, sie hatten weitere Verwandten und Günstlinge an wichtigen Schaltstellen des Staatsapparats installiert und betrachteten vermutlich das Amt des Wesirs als vererbbares Eigentum ihrer Familie. Mit der Beseitigung der drei zeigte al-Rashid, wer Herr im Hause ist. Nicht nur die drei waren der Ansicht gewesen, dass al-Mamun den wesentlich besseren Nachfolger als der oberflächliche und Ausschweifungen nicht abgeneigte al-Amin gegeben hätte. Yahya und seine Söhne waren weg vom Fenster und konnten die Entscheidung al-Rashids in Zukunft nicht mehr torpedieren.

Harun al-Rashids großangelegter und frühzeitiger Plan griff viel früher als ihm lieb gewesen sein dürfte. Um die von stetigen Unruhen geplagte Provinz Chorasan zu »befrieden«, also die Aufstände niederzuschlagen, machte sich al-Rashid 808 u. Z. mit einer großen Armee, al-Mamun und Salih auf den Weg nach Ostpersien. Wer Salih ist? Ein anderer Sohn natürlich. Wie gesagt, Harun war fromm und fleißig. Die dortigen Untertanen hatten immer wieder gegen den korrupten Statthalter und die viel zu hohen Steuern rebelliert. Schon bei Reiseantritt war al-Rashid angeschlagen und während des beschwerlichen Marsches über Bergpässe und Steppen wurde er noch kränker und starb im Frühjahr 809 mit gerade mal 43 Jahren in Tus, im Nordosten des heutigen Iran. Sobald al-Amin vom Tod des Vaters erfuhr, ließ er sich zum neuen Kalifen ausrufen und übernahm die Kontrolle. Er befahl der Armee sofort nach Bagdad zurückzukehren und seinem Bruder, die Steuereinnahmen aus Chorasan in die Zentrale abzuführen. Der größte Teil der Armee gehorchte dem neuen Kalifen, mit dem

Rest der Truppen und der Leiche seines Vaters zog al-Mamun weiter zur Oasenstadt Merw im heutigen Turkmenistan.

Der Solitär

Al-Amin begann, die in der Kaaba hinterlegte Regelung zu unterhöhlen. Zunächst ließ er beim Freitagsgebet auch den Namen seines kleinen Sohnes Musa ausrufen, obwohl der keinen Anspruch auf die Nachfolge hatte. Al-Mamun ließ diesen Affront zurückweisen, es folgte ein diplomatischer Kleinkrieg zwischen Merw und Bagdad, der im Befehl an al-Mamun gipfelte, dieser solle in die Hauptstadt zurückkehren, um ein neues Abkommen zu schließen. Al-Mamun lehnte natürlich ab, denn der Kalif wollte ihm einige Teile der Provinz Chorasan entreißen und zum Verzicht bei der Nachfolge zwingen. Daraufhin zündete al-Amin die nächsten Eskalationsstufen, er ernannte seinen Sohn nun offiziell zum Nachfolger, erklärte den Bruder zum Rebellen und schickte eine Armee nach Chorasan, um die »Rebellion« seines Bruders niederschlagen zu lassen. Der Rebell war aber nicht untätig geblieben, sondern hatte mit klugen Maßnahmen die große Provinz tatsächlich befriedet. Nämlich die Steuerlast der Untertanen gesenkt, lokalen Fürsten mehr Autonomie gewährt und vor allem hatte al-Mamun eine schlagkräftige Armee aus ganz Zentralasien rekrutiert und dem fähigen persischen General Tahir das Kommando übertragen. Aus dem diplomatischen Kleinkrieg wurde ein Bruderkrieg, den General Tahir für al-Mamun entschied. Obwohl in Unterzahl schlug er die Armee des Kalifen und rückte gegen Bagdad vor. Bei den folgenden Auseinandersetzungen und der fast einjährigen Belagerung wurde die Stadt zu großen Teilen zerstört. Als Tahir in die verwüstete Hauptstadt des Abbasiden-Reichs einzog, hatte Kalif al-Amin selbst im arabischen Teil des Reiches kaum noch Rückhalt. Er wurde von Tahirs Soldaten festgenommen und getötet.

Ob al-Mamun die Ermordung seines Bruders angeordnet hat, oder General Tahir eigenständig handelte und damit sogar seinen Chef erzürnte, ist unklar. Die Quellen erzählen Verschiedenes: Von Tränen, die al-Mamun öffentlich wegen al-Amins Ende vergossen habe, und auch vom Kopf des toten Halbbruders, den der neue Regent an seinem Hof zur Abschreckung aufhängen ließ. Andere arabische Historiker berichten von der grausigsten und zugleich spannendsten Variante: General Tahir habe noch vor der Erstürmung Bagdads seinen Herren gefragt, was er mit al-Amin machen solle, falls dieser ihm in die Hände fiele. Als Antwort soll »der Vertrauenswürdige« ein weißes Hemd ohne Kopföffnung geschickt haben. Wie es auch tatsächlich war, ungelegen kam dem neuen Kalifen das Ende seines Vorgängers nicht. Bagdad blieb in den nächsten Jahren tatsächlich kopflos, weil al-Mamun weiterhin in Merw residierte, was sich als keine gute Idee herausstellen sollte, denn die Unruhen griffen auf das ganze Reich über und vor allem die schiitischen Bevölkerungsgruppen begehrten gegen die Herrschaft der sunnitischen Abbasiden auf.

Um die oft blutige Kluft zwischen sunnitischen und schiitischen Untertanen zu schließen, kam al-Mamun auf zwei eigentlich gute Ideen. Er machte das Schiiten-Grün anstelle des Abbasiden-Schwarz zur »Staatsfarbe« und vor allem bestimmte er einen prominenten Schiiten zum Nachfolger. Der arme Tropf hieß Ali bin Musa, der Name klingt nach einer Figur von Karl May, aber Ali bin Musa hieß tatsächlich so. Alis Papa war der siebte Imam der Anhänger der 12er-Schia und war im Jahre 799 u. Z. standesgemäß als Märtyrer in abbasidischer Haft gestorben. Bei den Schiiten kann man wegen der vielen Untergruppierungen leicht durcheinander kommen, denn neben den Anhängern der 12er-Schia gab es und gibt es noch Anhänger der 5er-, 7er- und 36er-Schia und nicht alle Imame der einen Gruppe werden auch von den anderen Gruppen als solche anerkannt und wenn, haben sie bei den anderen Gruppen unterschiedliche Nummern in der Genealogie der Märtyrer, also der Imame. Kurz: Es ist kompliziert und genügt in unserem Fall zu wissen, dass die Nominierung von Ali bin Musa ein sehr starkes Zeichen war – leider in die falsche Richtung. Denn sobald die Herrscherkaste der Abbasiden in Bagdad von der Entscheidung erfuhr, drehte sie durch und ernannte einen Vetter al-Mamuns zum Gegenkalifen. Das wiederum wurde al-Mamun zu bunt, er kehrte schließlich 819 u. Z. nach Bagdad zurück und sorgte für Ordnung. Sich selbst ernannte er zwar auch zum Imam, zum geistig-religiösen Führer der Schiiten, trotzdem änderte er die Farbe der Staatsfahnen von grün wieder auf das poppig-leichte schwarz. Ach ja, Ali bin Musa ging später als die achte

Imam der 12er-Schia in die Geschichte ein und starb unter rätselhaften Umständen als was? Richtig, wie sein Papa als Märtyrer.

»Sucht das Wissen und sei es in China ...«

Schon während er noch in Merw weilte, wurde die vom Bruderkrieg schwer beschädigte Stadt Bagdad wieder in Stand gesetzt und nach seiner Ankunft ließ al-Mamun die Reparaturen fortsetzen und ordnete diverse Neubauten an. Der 33jährige, jetzt unumstrittene Kalif begann mit einer Doppelstrategie das Reich zu verändern. Auf politisch-militärischer Ebene sorgte er für Ruhe in den Provinzen, stärkte sukzessive die Zentralgewalt und bescherte dem Reich eine relativ friedliche Phase. Religiös und kulturell drehte er den Staat auf links. Al-Mamun war ein glühender Anhänger der *Mutazila*, einer theologischen Schule, die von der griechischen Philosophie beeinflusst war und die Ratio, den vernunftbegabten Zugang zum Glauben und anderen Themen in den Vordergrund stellte. Wörtlich übersetzt heißt Mutazila »die sich distanzieren, die zur Seite gehen«. Nach Ansicht der Anhänger verfügte der Mensch über einen freien Willen und der Koran war ein von Gott erschaffenes Werk und damit auslegbar, interpretierbar, gerne im Streitgespräch mit anderen. Nur Gott selbst war unerschaffen und ewig. Für Mutaziliten gehörten zweifeln, hinterfragen, unterschiedliche Sichtweisen aushalten und diskutieren zu den unentbehrlichen Werkzeugen des Erkenntnisgewinns. Im Gegensatz

zu den schon damals dogmatischen Gralshütern der
»reinen« Lehre, die den Koran für unerschaffen, ewig
seiend, ewig gültig und damit als nicht verhandelbar
betrachteten. Alles Wissenswerte und Notwendige zu
Wissenschaft, Medizin und Philosophie hatte man in
Koran und Sunna zu finden. Und die Übermittlung
dessen an die Gläubigen war ihnen vorbehalten, den
Ulema.

Ausgerüstet mit der Mutazila-Weltsicht veranstaltete
der intellektuelle Überflieger al-Mamun regelmäßig
einen höfischen Debattier-Club mit Mathematikern,
Theologen, Ärzten, Philosophen, Astronomen und
Übersetzern, die über alle möglichen Themen diskutierten und al-Mamun selbst mischte kräftig mit. Zum
Leidwesen der »Das ist alles Gottes Wort und daran
gibt es nichts zu diskutieren«-Liga förderte al-Mamun
sowohl den Diskurs zwischen Vertretern der verschiedenen Denkschulen innerhalb des Islam, als auch den
Austausch zwischen jüdischen, zoroastrischen, christlichen und islamischen Theologen, von denen es im
großen Reich zwischen Byzanz und Indien, Nordafrika und den Nahen Osten reichlich gab. Al-Mamun
war quasi Vorreiter des interreligiösen Dialogs. Sich
selbst betrachtete er als obersten Exegeten mit dem
Recht, die theologischen Vorgaben von Koran und
Sunna seiner Regierungspraxis anpassen und gegebenenfalls auch übergehen zu können.

Er sponserte Gelehrte und Wissenschaftler unabhän-
gig von Ethnie und Konfession. Natürlich war er nicht
der erste bedeutende Herrscher, der seinen Hof mit

klugen Köpfen schmückte, weder in der islamischen noch in der Geschichte anderer Kulturen, aber er war der erste islamische Herrscher, der Forschung, Wissenschaft und den daraus resultierenden Erkenntnisgewinn als Wert an sich erkannte. Vor seiner Zeit hatte Wissenschaft vor allem zweckdienlich zu sein, wenn man zum Beispiel beim Gebet die Richtung Mekkas ermitteln musste oder den Mondkalender berechnen wollte. Er finanzierte und ermöglichte das, was wir heute Grundlagenforschung nennen würden und ließ sich die Resultate zeigen, vor allem aber verstand er sie! Al-Mamun stellte erstmals Teams mit Gelehrten verschiedener Disziplinen zusammen und betraute sie mit drei großen Aufgaben.

Zunächst ließ er eine Sternwarte in Bagdad bauen, damit die Wissenschaftler die Angaben, Berechnungen und Sternkarten aus dem astromischen Standardwerk der Antike, den *Almagest* von Ptolemäus überprüfen und gegebenenfalls korrigieren konnten. Der griechische Universalgelehrte Claudius Ptolemäus lebte im zweiten Jahrhundert u. Z. und hatte in seinem Hauptwerk Almagest das astronomische Wissen der Hellenen über Planeten und Sterne zusammengetragen und das geozentrische Weltbild etabliert. Es war eines der einflussreichsten Bücher der Antike und bestimmte das Weltbild im Morgenland und im Abendland bis zum Ende des Mittelalters. Erst im 16. und Anfang des 17. Jahrhunderts demolierten Nikolaus Kopernikus und Johannes Kepler endgültig das geozentrische Weltbild und ersetzten es durch das heliozentrische. Der Mensch war doch nicht das Zentrum des Universums! An diesen »Shocking News« hatten christliche wie islamische Glaubenshüter in seltener Eintracht lange zu knabbern. Das Wort Almagest ist eine holprige Herleitung des Arabischen *al-Midjisti*, »das große Buch« und al-Midjisti wiederum ist eine Entlehnung des griechischen *Megiste Syntaxis*.

Die zweite große Aufgabe an die Wissenschaftler war die Messung des Erdumfangs und die dritte das Zeichnen einer neuen Weltkarte. Gestützt auf den Almagest und die Werke anderer antiker Wissenschaftler erledigten sie alle drei Aufgaben. Sie aktualisierten und korrigierten die alten Sternkarten und nannten das Ergebnis »die verifizierten Tabellen«. Bei der Berechnung des Erdumfangs kamen sie auf circa neununddreißigtausend Kilometer und damit dem tatsächlichen Wert von vierzigtausend relativ nahe. Dass die Erde eine Kugel war, hatten die Griechen schon gewusst und der – natürlich Universalgelehrte – Eratosthenes hatte im dritten Jahrhundert v. u. Z. sogar vierzigtausend Kilometer ermittelt, aber sein zutreffendes Ergebnis hatte mehr mit Glück bei der Zahlenjonglage als mit korrekt gemessenen und exakt berechneten Werten zu tun. Im Todesjahr al-Mamuns, 833 u. Z., stellte das Team die neue »Weltkarte«, den zumindest ihnen bis dahin bekannten Teil der Welt fertig und gab ihr den Titel »Die Karte des Mamun«. Im Gegensatz zu ihren hellenischen Vorgängern wussten die arabischen Wissenschaftler durch die Eroberungen und Seefahrerei, dass der Indische und der Atlantische Ozean eben Ozeane waren, keine großen von Land umschlossenen Seen. Dazu verfassten sie eine umfangreiche Tabelle, die ein halbes Tausend Städte mit Längen- und Breitengraden enthielt.

Das Haus der Weisheit

Zum Zentrum all der Aktivitäten, oder hipp und zeitgemäß, zum »Heimathafen Wissenschaft« wurde das vom wissenshungrigen Kalifen gegründete *Bayt al-Hikma*, das »Haus der Weisheit« in Bagdad. Es entwickelte sich wohl innerhalb weniger Jahrzehnte zu einer riesigen Bibliothek mit angeschlossenem Forschungsinstitut oder zu einem Forschungsinstitut mit angeschlossener, riesiger Bibliothek. Leider hat das Gebäude nicht überlebt, darum ist seine Architektur nicht bekannt. Die vorrangige Aufgabe und Kernkompetenz des Hauses waren Übersetzungen wissenschaftlicher, philosophischer und medizinischer Texte ins Arabische, die auf Papier festgehalten wurden. Das Papier und die Herstellung hatten chinesische Fachkräfte, die nach Samarkand gebracht wurden, eingeführt. Sie waren Kriegsgefangene der Schlacht zwischen dem siegreichen Kalifatsheer und der chinesischen Armee im Jahr 751 u. Z. am Fluss Talas, im heutigen Kasachstan. Harun al-Rashid hatte bereits während seiner Regierungszeit die Verwendung von Papier als Schreibmaterial in der Staatsverwaltung angeordnet.

Im Haus der Weisheit wurden vor allem wichtige Werke aus dem Griechischen übersetzt, durch seine eigene Bildung wusste al-Mamun, dass es bei den alten Hellenen viel Wissenswertes zu holen gab. Auch Schriften indischer und persischer Autoren wurden ins Arabische übertragen, der damals angesagten Sprache der Wissenschaft. Schon unter seinem Vater Harun hatte es in Bagdad eine Bibliothek gegeben und es waren ebenfalls Werke antiker Autoren übersetzt worden, aber al-Mamun verstärkte diese Arbeiten um ein Vielfaches, schickte Gesandte in alle Ecken des Reiches, die gezielt Bücher suchen und sie aufkaufen sollten. Wenn er Kriege führte und gewann, was meistens der Fall war, soll er von den Besiegten als Tribut oft Bücher statt Edelmetalle verlangt haben. Das Haus der Weisheit erhielt steten Nachschub an Werken, die erfasst, übersetzt und vervielfältigt der Bibliothek zugefügt wurden. Dafür beschäftigte und bezahlte der Kalif eine ganze Truppe an Übersetzern, Schreibern und Buchbindern. Ob die Kopierzunft, also die Copyshops, schon damals wie heute fest in persischer Hand waren, ist leider nicht überliefert. Genauso wenig, ob die ganzen Unternehmungen einem visionären Plan folgten, aber al-Mamun wollte wohl das gesamte Wissen der damals bekannten Welt im Haus der Weisheit sammeln.

Das Zusammentragen, Übersetzen und in arabischer Sprache Zugänglichmachen, war nur die erste Stufe, in der zweiten sollten die Gelehrten die Schriften studieren, den Inhalt überprüfen, kommentieren, ergänzen und neues Wissen hinzufügen. Sie betrieben auf der Grundlage des von Indern, Persern und Griechen erworbenen Wissens neue Forschung und bereiteten den Weg für die Etablierung neuer, wissenschaftlicher

Fachrichtungen. Im Folgenden sollen einige der großen Köpfe kurz vorgestellt werden. Einige von ihnen arbeiteten nicht im Haus der Weisheit und manche traten wesentlich später an anderen Orten in Erscheinung, aber al-Mamuns Kalifat ermöglichte mit dem Haus der Weisheit und politisch klugen Entscheidungen ein beispielloses, offenes Klima für Forschung und Wissenschaft und setzte den Startpunkt für die glorreiche Epoche islamischer Wissenschaften.

König der Übersetzer – Hunayn bin Ishak

Geboren wurde der Sohn eines Apothekers 808 u. Z. in al-Hira, südlich von Nadschaf im heutigen Irak. Hunayn war Nachkomme eines arabischen Stammes, der zum nestorianischen Christentum konvertiert war und nach dem Aufstieg des Islam keine große Lust verspürte, die neue Religion anzunehmen. Er wuchs doppelsprachig auf, Arabisch war die Alltagsprache und Syrisch-Aramäisch der Zungenschlag seiner Kirche. Er studierte in Bagdad Medizin bei Yuhanna bin Masawayh, dem Leibarzt von Harun al-Rashid und späteren Leiter des Hauses der Weisheit. Aber die Chemie zwischen Lehrer und Schüler stimmte zunächst nicht, denn Hunayn bombardierte seinen Lehrer wohl solange mit schwierigen Fragen bis er vom genervten Yuhanna rausgeschmissen wurde. Daraufhin verschwand Hunayn für zwei Jahre von der Bildfläche, laut unterschiedlicher Quellen hielt er sich in Alexandria oder an der Westküste Kleinasiens auf, kehrte danach in die Hauptstadt zurück und hatte sich in der Zeit Griechisch draufgeschafft. Und zwar so gut, dass sein Lehrer Yuhanna, mit dem er sich versöhnt hatte, ihn zu Übersetzungen aus dem Griechischen ermunterte.

Hunayn bin Ishaq arbeitete wie ein Berserker und übertrug griechische Werke ins Arabische und noch mehr ins Aramäische, seine bevorzugte Sprache. Die thematische Palette ist enorm: Er übersetzte mathematische, philosophische, astronomische und medizinische Werke und sogar obskure Schriften zur Traumdeutung und Magie. Zu den bekanntesten Arbeiten von Hunayn gehören Übersetzungen von Platon, Aristoteles und insbesondere von Galens reichhaltigem Kanon. Seine Übersetzung des Alten Testaments aus der Septuaginta ins Arabische galt lange Zeit als die beste in der islamischen Welt. Die Septuaginta ist die älteste altgriechische Übersetzung der hebräisch-aramäischen Bibel aus dem dritten Jahrhundert v. u. Z. Natürlich verfasste bin Ishaq auch noch eigene Werke zu den verschiedensten Disziplinen, vor allem zur Medizin. Das bekannteste ist das »Buch der zehn Abhandlungen über das Auge«, das Lehrbuch enthält die wohl älteste anatomische Zeichnung des Auges. Mit den »Zehn Abhandlungen« wurde Hunayn bin Ishaq zum Mitbegründer der Augenheilkunde.

Während seines für damalige Verhältnisse biblisch langen Lebens erlebte Hunayn bin Ishaq zehn Stellvertreter des Propheten und wurde unter dem Kalifen al-Mutawakkil, dem Neffen al-Mamuns, zum Chefarzt des Hofes befördert. Eine zweifelhafte Ehre, denn er litt unter den Launen des Herrschers und fiel auch noch einem Komplott der christlichen Kollegenschaft zum Opfer, die scharf auf seinen Posten war. Sie wussten, dass Hunayn die Bilderverehrung der Christen verachtete und provozierten ihn dermaßen, bis er vor Publikum auf ein Heiligenbild spuckte. Eine brillante Idee, denn damit brachte er gleichmal den nestorianischen Bischof und den Kalifen gegen sich auf. Hunayn wurde verhaftet, ausgepeitscht und sein gesamter Besitz inklusive gut bestückter Bibliothek konfisziert. Nach einem halben Jahr begnadigte ihn der Kalif und gab ihm sogar den alten Posten zurück. Hunayn spuckte nicht mehr auf christliche Ikonen und behielt seine Stellung als oberster Arzt des Hofes bis zu seinem Tod 873 u. Z.

Er zeugte zwei Söhne, Dawud und Ishaq, die in seine Fußstapfen traten und ebenfalls Ärzte wurden. Ishaq bin Hunayn, sein Name ist kein Flüchtigkeitsfehler, er hieß wie sein Vater nur andersherum, denn sein Vater Hunayn war der Sohn von Ishaq, darum hieß er Hunayn bin (»Sohn von«) Ishaq. Und Hunayn, also der Sohn von Ishaq nannte seinen Sohn auch Ishaq, der ja wiederum der Sohn von Hunayn war, darum Ishaq bin Hunayn. Und Ishaq ist wiederum die arabische Form des hebräischen Namen Isaak und bedeutet »Gott lächelt« ... lassen wir das. Ishaq der Sohn, also nicht der Opa, wurde zu einem ähnlich versierten Übersetzer wie sein Vater Hunayn und brachte manche Arbeiten des Vaters zu Ende und übersetzte selbst alle möglichen Werke ins Arabische und Aramäische. Hunayn und Ishaq waren

das berühmteste und beste Übersetzer-Tandem der

islamischen Geschichte – dass sie selbst Nestorianer
waren, spielte offenbar damals keine Rolle.

Der erste Satiriker der islamischen Geschichte – al-Djahiz

Er verdient es, mit ganzem Namen vorgestellt zu werden: Abu Uthman Amr bin Bahr al-Fukaymi al-Basri,
genannt al-Djahiz. Rufname und »bürgerlicher« Namen verraten bereits zwei Dinge. *Al-Basri*, er kam aus
Basra, und weil er große, hervorverquellende Augen
hatte, wurde er *al-Djahiz* genannt, »der Glubschäu-
gige«. Mit Schönheit war er wohl nicht gesegnet, aber
mit einem messerscharfen Verstand, literarischer Be-
gabung, enormer Schöpferkraft und Humor. Geboren wurde er um 776 u. Z. in Südirak, seine Familie
stammt ursprünglich wohl aus Abessinien, dem heutigen Gebiet um Äthiopien und Eritrea. Der jugendli-
che al-Djahiz war laut Quellen ein neugieriger Bursche
mit unbändigem Wissensdrang, eigenem Kopf, losem
Mundwerk und hatte – zum Leidweisen seiner Familie –
eine Arbeitsallergie! Statt einen ordentlichen Beruf zu
erlernen, trieb er sich in den Moscheen Basras herum
und diskutierte mit Älteren über Allah und die Welt.
Richtig gelesen, Moscheen waren tatsächlich einmal
intellektuelle Hotspots, Orte des Diskurses.

Basra scheint damals eine Hochburg der Mutaziliten
gewesen zu sein, sie bot dem aufstrebenden Freigeist
al-Djahiz alles an intellektuellem Input, was er begehrte und sie prägte seinen weiteren Werdegang. Spä-

ter, als er längst eine »große Nummer« in Bagdad war, kehrte er immer wieder nach Basra zurück. Dort fand er bald Anschluss an elitäre Zirkel, die schon die ganz großen Fragen zum Islam, der gerade einmal hundertfünfzig Jahre jungen Religion, wälzten. Sie diskutierten über das Verhältnis von Vernunft und Glauben, über die Rechtmäßigkeit der Abbasiden-Herrschaft, deren Kalifat auch fünfzig Jahre nach der Machtergreifung von anderen arabischen Stämmen und nichtarabischen Untertanen in Frage gestellt wurde. Auch Fragen zur Philosophie, Literatur und Poesie standen regelmäßig auf der Tagesordnung. Man weiß nicht, wann er mit dem Verfassen eigener Texte begann, aber er muss relativ früh losgelegt haben, denn ihm werden an die 200 Werke zugeschrieben.

Das Ticket nach Bagdad waren einige Texten zum Imamat, der religiösen Führerschaft im Islam, die al-Mamun beeindruckten, der ihn deswegen an den Hof holte. Al-Djahiz schrieb weitere Texte über das Kalifat allgemein, über die nach seiner Meinung legitime Herrschaft der Abbasiden und wer hört nicht gern, dass er der verdiente Anführer der Gläubigen ist? Al-Djahiz etablierte sich als eine Art Staatsphilosoph ohne je einen offiziellen Posten am Hof oder bei der Verwaltung zu bekleiden. Er war ein früher McKinsey-Berater, nur wesentlich sympathischer und sorgte nicht für Umstrukturierung, also Entlassung, sondern für geistige Erhellung. Viele der Texte dazu beginnen mit »Du hast mich zu dem und dem Thema gefragt und dies ist meine Antwort ...«. Die anderen Leute hatten keine Ahnung, wovon der Mann eigentlich lebte und überliefert sind tatsächlich nur drei ganze Tage, die er Bagdad als Schreiber angestellt war. Er selbst hielt sich dazu bedeckt und gab nur an, dass er für die Widmungen seiner Bücher an hohe Herren manchmal größere Summen erhielt. Wahrscheinlich stand er auf der Lohnliste des Kalifenhofs, als inoffizieller Mitarbeiter. Ihm gelang das Kunststück ein freiberuflicher vor allem unabhängiger Höfling ohne Verpflichtungen am Hof zu sein. Al-Djahiz gab Einschätzungen, wenn er gefragt wurde und stürzte sich ansonsten auf Übersetzungen antiker Werke, die al-Mamun und andere Mäzene ermöglicht hatten. Vor allem Aristoteles hatte es ihm angetan. Er war ein wenig wie einer dieser graumelierten, verwitterten Studenten, die man an jedem größeren Campus der Republik sieht, von denen keiner weiß, wie viele dutzende Semester sie auf dem Buckel haben, ob sie je irgendetwas abschließen werden, ob sie überhaupt ein Zuhause haben oder einfach nur ewige Stammgäste der günstigen Mensa sind. Al-Djahiz studierte die alten Griechen gründlich, aber im Gegensatz zu den Dauerstudenten war er enorm produktiv.

Bekannter als die Werke zur Staatsräson sind die literarischen und prosaischen Bücher, mit denen er etwas bis dahin unerhörtes wollte: Die Leser unterhalten. Wie zum Beispiel mit *Kitab al-Bukhala*, »Das Buch der Geizkragen«, einem der ersten fiktionalen Werke islamisch-arabischer Literatur überhaupt. Es ist eine Gesellschaftssatire, in der er ein Panorama an Menschentypen lustvoll und scharfsinnig durch den Kakao zieht, unter anderem bekommen Vermieter, 53

Sänger, Gelehrte, Krämer, Lehrer ihr Fett ab – Geizhälse jedweder Couleur also. Al-Djahiz versuchte sich auch als Biologe und als sein prosaisches Hauptwerk gilt *Kitab al-Hayawan*, »das Buch der Lebewesen«, ein zum Teil chaotisches riesiges Kompendium, in dem er viele Tiere mit Verhaltensmerkmalen darstellt und – nicht weit weg von Charles Darwin – Thesen zur gemeinsamen Abstammung von Tiergruppen und den Einfluss der Umwelt auf die Entwicklung der Arten anführt. Sein Opus Magnum enthält auch viele Ausflüge in die Soziologie, Religion und auch in die Ethnologie. Unter anderem entwickelt darin der Teilzeit-Völkerkundler eine lustige Theorie über den Zusammenhang von Gesichtszügen mit schlechtem Wasser und schlechter Nahrung: »Es ist möglich, daß jenes verdorbene Klima, das ungesunde Wasser und der schlechte Boden mit Menschen von der Erscheinung der Maghribiner und Nabatäer zusammentreffen, die, da sie unwissend sind, mit Rücksicht auf ihre Wohnungen und ihre Heimat, die sie nicht verlassen wollten, nicht ausgewandert sind. Im Laufe der Zeit aber hat die örtliche Beschaffenheit jene Haare und Schwänze stärker wachsen lassen und jene blonde Farbe und affenähnliche Gestalt verliehen.«

Al-Djahiz pflügte sich queer durch alle Sujets und allein für die Titel der Bücher muss man ihn mögen, er verfasste ein ganzes Traktat über versklavte Sängerinnen und nannte es *Kitab al-Kiyan*, »das Buch der Mädchen«. Die Sklavensängerinnen scheinen ihn wirklich beschäftigt zu haben. Er schrieb sogar ein erotisches Werk mit dem Titel *Kitab Mufakharat al-djawari wa* 'l-ghilman, »das Buch der Konkubinen und Eunuchen«, was natürlich die braven und frommen Mitbürger empörte. Sex hatte in Schriften nichts zu suchen und dann auch noch von einem hässlichen Mann verfasst! Auch dazu hatte er eine klare Meinung: »Manche von den Leuten, die Frömmigkeit und asketische Lebensführung zur Schau tragen, empfinden Abscheu und verschließen sich, wenn Wörter wie ›Vulva‹, ›Penis‹ oder ›Koitus‹ erwähnt werden, aber die meisten von denen, die sich so verhalten, sind Männer, die nicht mehr Wissen, Edelmut, Vornehmheit und Würde besitzen als das, was zu ihrer Heuchelei im Verhältnis steht.« Wie alle großen Humoristen verfügte al-Djahiz über eine gute Portion Selbstironie und erzählte selbst, wie ihn der Kalif al-Mutawakkil als Lehrer seiner Kinder eingestellt habe und wieder entlassen musste, weil sein Gesicht den Kindern Angst eingejagt habe. Mit den Büchern schlug al-Djahiz neue Pfade ein, statt mit heiligem Ernst schrieb er mit Ironie und Humor und rüttelte an moralischen Tabus. Damit überforderte er die Zeitgenossen, die sich Zeit seines Lebens und über den Tod hinaus lieber in hämischen Anekdoten über Al Djahiz vermeintliche Hässlichkeit ergossen, anstatt seine Werke zu würdigen und zu lesen.

Genau jeder al-Mutawakkil, der ihn als Lehrer entlassen musste, erledigte die Mutazila, die sein dritter Vorgänger al-Mamun 833 u. Z. zur Staatsdoktrin erhoben hatte. Al-Mutawakkil regierte von 847–861 u. Z. und installierte die Traditionalisten als Glaubenshüter und die Luft in der Hauptstadt wurde für den

Freigeist al-Djahiz dünner. Mit politischen und theologischen Äußerungen, schriftlich und wörtlich, hielt er sich immer mehr zurück. Im Alter quälte ihn eine halbseitige Lähmung und er siedelte schließlich wieder in seine Heimatstadt Basra über, wo er um die Jahreswende 868/869 u. Z. starb. Über das Lachen schrieb al-Djahiz: »Wäre das Lachen von seiten des Lachenden hässlich, so würde man nicht von einer Blume, Schmuck oder einem Schloss sagen, sie seien, als ob sie lachten. Gott hat gesagt: ›Er ist es, der zum Lachen und zum Weinen bringt …‹ und hat somit das Lachen dem Leben und das Weinen dem Tod gegenübergestellt. Gott hat sich selbst nämlich nichts Hässliches beigelegt und Seine Geschöpfe auch nicht mit einem Fehler anstelle einer Wohltat ausgestattet.«

Der Star im Haus der Weisheit – al Khuwarizmi

Auch er verdient es mit vollem Namen vorgestellt zu werden: Abu Djafar Muhammad bin Musa al-Khuwarizmi. Mathematiker, Geograph, Astronom, Übersetzer und durch die Begriffe *Algebra* und vor allem *Algorithmus* präsent in unserer Zeit. Den *Algorithmus* führt gegenwärtig jeder im Mund, um irgendwie zu erklären, dass wir alle mit jeder Online-Regung ausspioniert, vollständig erfasst und gläsern abgepackt finsteren Konzernen zur Verwertung bereitgestellt werden. Zu verdanken haben wir das Wort ihm, al-Khuwarizmi, der etwa um 800–847 u. Z. lebte und im Haus der Weisheit sowohl allein als auch mit anderen Gelehrten arbeitete. Seine wichtigsten Arbeiten stelle er während der Regierungszeit al-Mamuns fertig. Das Wort Algorithmus entstammt dem Beinamen *al-Khuwarizmi*, »der aus Khuwarizm Stammende«, Khuwarizm oder Khoresm heißt die Gegend zwischen Kaspischem Meer und Aralsee, heute eine usbekische Provinz.

Al-Khuwarizmi gilt als einer der größten Wissenschaftler des Mittelalters. Er brachte das indische Zehner-Zahlensystem mit der griechischen Geometrie zusammen und vor allem ihm ist es zu verdanken, dass das indische Dezimalsystem in den islamischen Reichen und Europa bekannt wurde und nur sehr langsam das römische Zahlensystem verdrängte. Unter anderem, weil man im christlichen Abendland die »neuen« Zahlen für muslimisches Teufelszeug hielt. Dass die Zahlen ursprünglich gar nicht arabisch sondern indisch waren, tat nichts zur Sache, eingeschleppt hatten sie ja die Araber. Das Dezimalsystem taucht erstmals in al-Khuwarizmis vermutlich 825 u. Z. verfasstem Arithmetik-Werk auf, von dem nur noch eine lateinische Übersetzung mit dem Titel *De numero indorum* erhalten ist. Auch die Ziffer Null kommt dort vor und gelangte durch die Übersetzung nach Europa. Allerdings rechneten weder al-Khuwarizmi noch andere arabische Mathematiker mit der 0 als eigenständiger Zahl. Dies sollte sich erst im 17. Jahrhundert in Europa durchsetzen. Das bekannteste Buch von al-Khuwarizmi ist über Algebra und trägt den Titel *Kitab al-Jebr*, in Originallänge *al-Mukhtasar fi hisab al-djabr wa'l-muqabala*, »Das Werk über das Rechnen durch Wiederherstellung und Ausgleich«. Damit wäre ebenfalls erklärt, woher das Wort Algebra stammt, vom arabischen *al-djabr*, »die Einrenkung, Wiederherstellung (gebrochener Teile)«. Das Werk wurde mehrfach ins Lateinische übersetzt und über den Titel *Algebra et Almuqabala* fand Algebra schließlich den Eingang ins Deutsche, genauso wie der Algorithmus über die latinisierte Form seines Namens: *Algorizmi*.

Al-Khuwarizmi war nicht der Erfinder der Algebra und hat es selbst auch nicht behauptet, aber sein Verdienst bringt der irakisch-britische Physiker und Autor Jim al-Khalili treffend zum Ausdruck: »Was al-Khuwarizmi zum ersten Mal tat und was ihn von allen anderen Mathematikern vor ihm unterscheidet ... Er gab die Praxis auf, Einzelaufgaben zu lösen, und formulierte stattdessen allgemeine Prinzipien und Regeln zur Behandlung und Lösung quadratischer Gleichungen in einer Reihe von Einzelschritten – das heißt durch einen Algorithmus. Damit schuf er die Voraussetzung, dass Algebra als eigenständiges Gebiet existieren konnte und nicht mehr nur eine Methode zur Handhabung von Zahlen war.« Al-Khuwarizmi war an den drei großen Arbeitsaufträgen al-Mamuns beteiligt und nutzte die Sternwarte in Bagdad auch für eigene Arbeiten. Auf Grundlage des Wissens der Inder und Perser erstellte er astronomische Tafeln. Sein *Zidj al-Sindhind*, »die astronomischen Tafeln von Sindhind«, wurde ebenfalls ins Lateinische übersetzt und beeinflusste später die Sternkunde in Europa.

G.O.A.T of Islam – Ibn Sina alias Avicenna

Den Titel »Greatest Of All Time« gab es damals noch
nicht, aber der Arzt und Philosoph Ibn Sina hätte
G.O.A.T. garantiert für eine angemessene Selbstbe-
schreibung gehalten. Er war ein Genie, er wusste es
und er ließ seine Umwelt spüren, dass er ein Genie war.
Zu seinem Leben und Wirken gibt es mehr Informati-
onen als zu vielen anderen Größen aus derselben Epoche, seine Biographie der ersten dreißig Jahre schrieb
er gleich mal selbst und den Rest durfte der ihm er-
gebene Schüler, Freund und Assistent al-Djuzadjani
aufzeichnen. Ibn Sina hieß in ganzer Pracht Abu Ali
al-Husayn bin Abd Allah bin Sina, war ein Frühvoll-
endeter wie Mozart und sah angeblich blendend aus.

Geboren wurde er 980 u. Z. in der Nähe von Buchara,
im heutigen Usbekistan. Die Startrampe ins Leben
war nicht die Schlechteste, der Vater war Angestellter
am Hof der persisch-muslimischen Samaniden-Dy-
nastie, die von 819 bis 1005 u. Z. die zentralasiati-
schen Gebiete Transoxanien und Chorasan regierte.
Die Herrscher nannten sich Emire und unterstanden
nominell den Abbasiden-Kalifen in Bagdad. Während
Ibn Sina durch die Stellung seines Vaters eine exzel-
lente Erziehung in Buchara genoss, war der Stern der
Dynastie schon länger am Sinken und die folgenden
unruhigen Zeiten sollten Ibn Sina ein rastloses Leben bescheren. Schon als Kind konnte er wohl den
ganzen Koran auswendig rezitieren und mit vierzehn
Jahren gab er seinem versierten Lehrer, der eigentlich
ihn ausbilden sollte, Lektionen in logischem Denken.

Laut Selbstauskunft arbeiteten berühmte Ärzte unter seiner Leitung als er sechzehn war und mit achtzehn hielt er seine Ausbildung für abgeschlossen, da er alle damals existierenden Wissenschaften durchstudiert hatte. Erstaunlicherweise stieß er in einem Fall aber zunächst an seine intellektuellen Grenzen.

Um Aristoteles *Metaphysik* zu verstehen brauchte er den Kommentar von al-Farabi, einem anderen Titanen der islamischen Geistesgeschichte. Al-Farabi war ein türkischstämmiger Breitbandgelehrter und Philosoph, ebenfalls aus Zentralasien, der unter anderem über Politik, Medizin und Musik schrieb. Sein *Kitab al-Musiki al-Kabir*, »das große Buch der Musik«, gilt als die Bibel ... äh ... der Koran der orientalischen Musikwissenschaft und genauso berühmt sind seine Kommentare zu Aristoteles' Schriften. Er wurde im Orient bewundernd »der zweite Lehrer« genannt, als erster galt Aristoteles, und in lateinischen Übersetzungen seiner Werke im Mittelalter brachte er es auch zu zwei latinisierten Versionen seines Namens: Alfarabius und Avennasar. Im biblischen Alter, also im koranischen von über 80 Jahren starb al-Farabi 950 u. Z. in Damaskus.

Nachdem Ibn Sina durch al-Farabis Kommentar auch Aristoteles' Metaphysik intus hatte, schrieb er einundzwanzigjährig die erste philosophische Abhandlung, wobei die Qualität des Werks sich in Grenzen hielt, das sollte sich sehr bald bei seinen »richtigen« Werken ändern. Ein Jahr später verstarb sein Vater und er musste erstmals selbst die Kröten für den Lebensunterhalt verdienen. Ibn Sina trat am Samanidenhof eine Stelle in der Verwaltung an. Es sollte nicht der letzte Job an den Höfen der Samaniden-Prinzen bleiben, aber er war kürzer Verwaltungsfachangestellter als ihm vermutlich lieb sein konnte. Denn kurze Zeit nach Dienstantritt zwang ihn die »Türkengefahr« durch die Ghaznawiden aus dem Süden zur Flucht in den Norden, nämlich nach Gurgandj, heute ein turkmenisches Kaff mit dem schönen Namen Köneürgenç, östlich des Kaspischen Meeres gelegen. Die Ghaznawiden waren türkische Militärsklaven im Dienst der Samaniden gewesen, ihre Söldnertruppe für Kriege, Unterwerfung und Machterhalt. Bis die Ghaznawiden selbst auf den Geschmack kamen und ihren Herren Stück für Stück Herrschaft und Land abnahmen. Der Konflikt zwischen Samaniden und Ghaznawiden um die Macht in Zentralasien sollte Ibn Sinas gesamtes Leben bestimmen.

Auf der Suche nach mehr Sicherheit und Sponsoren, die seine Arbeit finanzierten, zog er in das heutige Iran. Zunächst nach Gorgan, an die Südostspitze des Kaspischen Meeres, dort lernte er seine zukünftige rechte Hand, seinen Privatchronisten al-Djuzadjani kennen. In Gorgan blieb Ibn Sina keine zwei Jahre und reiste samt Leibbiographen weiter westwärts nach Ray, dann nach Hamadan und schließlich südöstlich nach Isfahan, wo er die letzten 14 Jahre seines Lebens in relativer Ruhe lebte, am Hof des örtlichen Herrscherprinzen Ala al-Dawla arbeitete und den Prinzen von diversen Koliken heilen konnte. Während seiner jahrelangen Odyssee über etwa dreitausend Kilometer und fünf Städte arbeitete er unaufhörlich an seinen Werken, sogar auf Pferderücken, bekleidete mehrere Staatsämter bei lokalen Herrschern, wurde von Neidern ins Gefängnis gebracht und von Bewunderern wieder freigelassen. An den letzten beiden Stationen Hamadan und Isfahan konnte er seinen liebsten Rhythmus leben, tagsüber arbeiten, nachts feiern, trinken und als notorischer Schwerenöter mit Bindungsangst die Gesellschaft von Damen genießen. Er heiratete nie und zeugte keine Kinder.

Unsterblich wurde Ibn Sina vor allem durch seinen »Kanon der Medizin«, *Kanun fil-tibb*. In dem fünfbändigen Mammutwerk fasste Ibns Sina das gesamte medizinische Wissen der damaligen Zeit zusammen und erweiterte es mit eigenen Erkenntnissen. Buch eins gibt eine Übersicht über Krankheiten, Therapien, Heilung und den menschlichen Körper. Das zweite Buch ist über Pharmakologie, die Arzneimittelkunde, alphabetisch geordnet werden Kräuter und ihre Wirkungsweisen vorgestellt. Im dritten Buch geht es um sämtliche Organe vom Scheitel bis zur Sohle, den Erkrankungen derselben und möglichen Therapien. Buch Nummer vier ist ein Sammelsurium. Es behandelt unter anderem Knochenbrüche, Hautkrankheiten, Tumore, Krankheiten durch Tierbisse und Gift einschließlich einer Abhandlung über Fieber. Das letzte Buch ist eine umfangreiche Gebrauchsanleitung zur Herstellung von Medikamenten, dazu enthält es ein kleines Lexikon der Krankheiten samt Rezepten zu deren Linderung. Der »Kanon der Medizin« wurde in

Toledo von Gerard von Cremona zwischen 1150 und

1187 u. Z. erstmals komplett ins Lateinische übersetzt und sollte für mehr als vier Jahrhunderte das Standardwerk der Medizin werden, im Orient wie im Okzident. Es verdrängte die Abhandlungen der antiken Ikonen Hippokrates und Galen, auch die Werke anderer berühmter arabischer Kollegen wie al-Razi und wurde ab dem 14. Jahrhundert an den Universitäten in Europa auf den Lehrplan gesetzt. Vom ganzen Kanon oder Teilen davon wurden insgesamt fast neunzig Übersetzungen angefertigt. Die meisten Übertragungen gab es ins Lateinische, einige ins Hebräische und es gab Versionen in anderen europäischen Sprachen.

Ibn Sinas zweites großes Hauptwerk ist *Kitab al-Shifa*, »das Buch der Heilung«, womit er keine psychosomatischen Wehwehchen kurieren wollte, sondern ganz bescheiden die Heilung aller Sterblichen vom Unwissen. Es ist ein enzyklopädisches Konvolut von – je nach zählweise – achtzehn Bänden oder vier Teilen. Ein großer Block mit neun Bänden behandelt die Logik, der zweite Block Naturwissenschaften wie Astronomie, Biologie und Physik, der dritte Block gehört der Mathematik inklusive Arithmetik und Geometrie und der vierte Block behandelt die Metaphysik. Ausflüge in Psychologie, Musik, Botanik und andere Disziplinen gibt es natürlich auch noch. Wer sich gerne von Unwissenheit kurieren lassen möchte und fünfzig bis fünfhundert Nachmittage freischaufeln kann, möge zum »Buch der Heilung« greifen.

Ibn Sinas Schriften, in denen er versuchte die antike Philosophie von Platon und Aristoteles mit islamischer Theologie zu vereinen, waren nicht unumstritten und lösten immer wieder Kritik aus. Sowohl von islamischen als auch von christlichen Gelehrten. Vermutlich hätte das den immer selbstsicheren Universalgelehrten nicht sonderlich gekratzt, er gehörte zu den wenigen, die Hände und Kopf, Theorie und Praxis täglich aufs intensivste verbanden. Nach einem rastlosen, äußerst produktiven und offensichtlich erfüllten Leben starb er mit 57 Jahren an den Folgen einer Kolik, als er seinen Arbeitgeber Prinz al-Dawla bei einem Feldzug nach Hamadan im Jahr 1037 u. Z. begleiten musste. Sein Umfeld riet ihm wohl öfter, etwas kürzer zu treten und mehr Ruhepausen einzulegen, aber dazu war er bis zum Ende nicht bereit. Auf die Mahnungen der wohlmeinenden Freunde soll er sinngemäß erwidert haben: Lieber ein kurzes Leben in Hülle und Fülle als ein langes in Langeweile. Ibn Sina war Arzt, Philosoph und Rockstar.

Ein Haus schließt, andere Häuser öffnen

Al-Mamuns »Haus der Weisheit« existierte viel zu kurz, sein dritter Nachfolger und Neffe, der oben erwähnte al-Mutawakkil kam vierzehn Jahre nach al-Mamuns Tod auf den Thron und regierte vierzehn Jahre. Mit restriktiven Maßnahmen wollte er die sunnitische Bevölkerung und die konservativen ebenfalls sunnitischen Religionshüter hinter sich bringen, denen die »moderne und gotteslästerliche« Haltung der Mutaziliten mit ihrem Forschungs- und Wissensdrang schon immer suspekt gewesen war. Al-Mutawakkil schaffte nicht nur die Mutazila als Staatsdoktrin ab, er ließ wohl auch das mit der Ideologie der Mutazila eng verbundene Haus schließen und Mutaziliten verfolgen. Christen und Juden drangsalierte er mit Kleidungsvorschriften und ließ sogar das Grab von al-Husayn, Sohn des Ali und Enkel des Propheten zerstören. Das Grab hatte sich zur Wallfahrtstätte der Aliden, den späteren Schiiten, entwickelt. Ihm gelang die Konsolidierung seiner Macht, für eben jene vierzehn Jahre, bis er einer Verschwörung seines ältesten Sohnes zusammen mit der türkischen Militär- und Verwaltungskaste zum Opfer fiel. Al-Mutawakkils Sohn fürchtete um seinen Anspruch als Nachfolger, die türkischen Offiziere und Bürokraten um ihre Pfründe, die der Kalif weiter beschneiden wollte. Damit stürzten sie das Reich für ein Jahrzehnt ins Chaos und der machtgierige Sohn wurde zwar Kalif und stoppte die Drangsalierung der Aliden, starb aber bereits nach einem halben Jahr durch Krankheit. Der Mord am Vater hatte sich so richtig gelohnt.

Die Macht der arabischen Abbasiden-Kalifen und damit die des Zentralstaats zerbröselte langsam und im immer noch riesigen islamischen Reich vom Indus bis zur Atlantikküste übernahmen ortsansässige Ethnien die Herrschaft oder kämpften untereinander um sie, wie die besagten Samaniden und Ghaznawiden. In Zentralasien Perser und Türken, später die Mongolen, im Maghreb schiitischen Fatimiden und die Berber. Bis zur Eroberung und Verwüstung Bagdads 1258 u. Z. durch die Mongolen stellten die Abbasiden zwar offiziell noch den Kalifen, aber Einfluss und Macht waren da längst erodiert. Für Forschung und Wissenschaft bedeutete der Verfall keinesfalls das Ende, ganz im Gegenteil, denn viele regionale und lokale Fürsten und Könige förderten weiterhin kluge Köpfe und schmückten die Höfe mit ihnen, es wurden neue »Häuser der Weisheit« mit teilweise riesigen Bibliotheken gegründet, es entstanden neue Zentren der Gelehrsamkeit wie in Merw und Samarkand in Zentralasien, Kairo in Nordafrika und natürlich Córdoba in Andalusien. Und was arabische, persische und türkische Gelehrte an Wissen übersetzt, adaptiert, kommentiert und durch eigene Arbeiten erweitert hatten, gelangte über Andalusien nach Europa.

COFFEUM
WIRFT JUNGFRAU UM

Gäbe es einen Wettbewerb welches Lebensmittel von Menschen am meisten und ausdauerndsten traktiert und verschandelt wird, würde die Kaffeebohne mit mehreren Längen Vorsprung gewinnen. Kein anderes Genussmittel wird in hundert verschiedenen Hitzegraden geröstet, hundertundeins verschiedenen Graden gemahlen, in die absurdesten Verpackungen gepresst, mit dutzenden Zutaten kombiniert und in etlichen »Geschmacksrichtungen« angeboten. Eingefleischte »Genießer« kaufen natürlich den Kaffee ungemahlen, sie zerbröseln ihn selbst, schließlich ist der persönlich justierte Mahlgrad schon Ausdruck von Individualität. Menschen mit weniger Freizeit kaufen ihn gemahlen und besonders »heutige« Zeitgenossinnen und Zeitgenossen kaufen ihn in Pads oder Kapseln. Und wirklich alle schwören, dass ihre Art der Kaffeezubereitung den »besten« Kaffee hervorzaubert oder gleich mal eine »Offenbarung« ist. In Wahrheit verschandelt jeder den Kaffee nur auf seine eigene Weise: Manche jagen den gemahlenen Kaffee in verkalkten Kaffeemaschinen durch Filter und gießen die bereits bei der Zubereitung lauwarme Plörre teilweise auch noch in kalte und verklebte Thermoskannen, damit das Gesöff seine nicht vorhandene Temperatur garantiert auch den ganzen Tag lang konservieren kann. Diesen restwarmen Sud – serviert mit abgelaufener H-Milch oder abgepackter Kaffeesahne – findet man in grundsätzlich arschkalten Büros von Autowerkstätten, Konferenzräumen von Behörden und Firmen, bei evangelischen Kirchentagen und an Tankstellen. Was praktisch ist, da man diese vor sich hinglänzende schwarze, kalte Brühe auch gleich als Motoröl benutzen kann. Menschen mit gehobenem Status und Geschmack, oder dem, was sie dafür halten, legen sich sündhaft teure Espressomaschinen zu, deren Wert und Wartung einem Mittelklassewagen entspricht. Meistens steht die Maschine dann in der sehr mondänen und sehr selten benutzten Küche herum und wird mit Glück einmal am Tag angeschmissen und tatsächlich benutzt. Ursprünglich wurden solche Geräte für den Dauereinsatz in der Gastronomie gebaut, aber man gönnt sich ja auch sonst mehr als sonst.

Reicht es nicht für die Espressomaschine, reicht es sicher für ein Maschinchen, in das die schon erwähnten Pads oder Kapseln geklemmt werden. Und welche Frau kann schon zu»Nespresso« Nein sagen, wenn George Clooney das Dauertestimonial der Marke ist? Man sollte aber Nein sagen, denn die Herstellung und Entsorgung der Aluminiumkapseln stehen in keinem Verhältnis zum»Genuss«. Glaubt man Schätzungen, werden zurzeit jedes Jahr acht Milliarden Kapseln

weltweit verkauft, die aus etwa acht Millionen Kilo
Aluminium hergestellt werden. Heruntergerechnet
heißt das: Hippe Alukapselbenutzer produzieren
täglich fast 22 Tonnen Aluminium-Müll. Welche
Umweltschäden die Herstellung dieser Aluminium-
menge und der Abbau des dafür nötigen Bauxits ver-
ursachen, steht nochmal auf einem anderen Blatt. Die
überteuerte Lifestyle-Kapsel ist natürlich ein Bom-
bengeschäft für den Schweizer Hersteller, aber eine
Pest für die Umwelt. Darüber kann auch das perlweiße
Lächeln Clooneys nicht hinwegtäuschen. Einerseits
engagiert sich der Mann unter anderem für christliche
Sudanesen und deren Recht auf einen eigenen Staat,
andererseits macht er gegen viel Geld Werbung für
einen Umweltkiller. Diese moralische Elastizität hat
er aber nicht exklusiv. Unsereins läuft regelmäßig mit
einem Coffee to go durch die Gegend, wählt aber ganz
bewusst die Grünen, weil ja Umweltpolitik wichtig
ist. Oder der Pappbecher steckt im Getränkehalter
eines SUVs, mit dem man den kleinen Scheißer zur
Grundschule fährt, damit er auf dem 500 Meter langen Schulweg nicht nasse Füße bekommt.

Mit »To go« wären wir bei den großen Kaffeequälern:
Ketten wie Starbucks, Balzac Coffee, McCafé, usw.
Diversifizierung ist King und Umsatz, denn je mehr
tolle neue Kaffeegetränke die Ketten anbieten, desto
mehr können sich Kunden ihren ganz »individuellen«
Kaffee bestellen. Pansch irgendeine andere süße Zu-
tat zum Kaffee und schon hast du »Lebkuchen Latte,
Flat White Chocolate, Iced Kakao-Cappuccino, Vanilla
Macchiato, Java Chip Light Frappuccino und Apple

Cinnamon Latte«. Denn wenn auch du deinen »Kaffee nicht nur trinkst, sondern zelebrierst«, wirst du den folgenden Satz blitzschnell kapieren: »Dieser Espresso besteht aus Catuaí, einer Arabicavarietät sowie aus Conillon, einer Canephoravarietät.« Und wenn dir die Varietät abgeht, bleibst du halt gefälligst bei deinem Bohnenkaffee, du Waldschrat.

Letzter Schrei auf dem Kaffeemarkt ist der »Cold brew«, jupp, richtig übersetzt: kalter Kaffee, denn laut neuesten Marketingforschungen der Kaffeepanscher-Industrie bekommt man durch »kaltes Brühen« viel mehr Aromen und viel weniger Säuren und Bitterstoffe. Der »Cold brew« ist »milder und ein völlig neuer Kaffeegenuss«. Stimmt, statt lauwarm im exquisiten Pappbecher, gleich kalt und abgestanden im Pappbecher. Dafür zahlt man doch gern einen stolzen Preis, denn der »Cold brew ist viel mehr als kalter Kaffee«. So wie man irgendwie immer »mehr« bekommt, als man eigentlich wollte, so wie der Bäcker »Brot & mehr« verkauft, der Schlachter »Fleisch & mehr« und der Bestattungsunternehmer auch »Särge & mehr«. Heutzutage kauft man ja nicht nur einfach Produkte, Dinge oder Lebensmittel, nein, nein, man bekommt »mehr« und kauft auch zugleich ein irgendwie wohlig geartetes »Lebensgefühl«, dazu eine Weltanschauung von so erhabener Schlichtheit, gegen die Sprüche in chinesischen Glückskeksen wie philosophische Traktate von Arthur Schopenhauer wirken.

Kaum ein Produkt eignet sich für kulturkonsumistische Überhöhung besser als eben Kaffee in all seinen geglückten und missglückten dafür aber teuren Variationen. Und wer ist der Wächter, der Gralshüter des »Genusses«, der Hohepriester von »Mensch, Mischung, Maschine, Mühle, Milch und Mehr«? Der Barista! Klingt natürlich viel klangvoller, schöner und attraktiver als »Kaffeezubereiter« oder »Tresenkraft«. Man kann sich zum zertifizierten Barista ausbilden lassen und auch an Barista-Meisterschaften teilnehmen, um sich mit anderen »Baristi« zu messen. Das Wort kommt natürlich – man ahnt es – aus dem Italienischen und hat die blumige Bedeutung: Barmann / Barfrau. Viele andere Begriffe aus der Welt des Kaffees stammen ebenfalls aus dem Italienischen, wie »Espresso, Cappuccino, Latte macchiato«. Wenn man kurz in sein Stammlokal einkehrt, die Mitarbeiter mit »Ciao bella« oder »Ciao bello« begrüßt, einen »Espresso macchiato« bestellt, die kleine Tasse mit »Grazie« in Empfang nimmt, beim Hinunterschlürfen einen flüchtigen Blick in die Tageszeitung wirft, weil man eh auf dem Sprung ist, macht das dann einen nicht mindestens zum halben Italiener?

Alle Anhänger der ach so lockeren und fröhlichen italienischen Lebensart, für die der appeninische Stiefel Sehnsuchtsort und Utopia schlechthin ist und die sich täglich durch den Genuss von »Espresso« oder »Cappuccino« ein wenig »Dolce vita« ins eigene, triste Leben holen, müssen jetzt stark sein: Der Espresso ist ein Araber! Nicht einmal das Wort »caffè« ist italienisch, genauso wenig wie »Kaffee« deutsch. Beide sind vom arabischen *qahwa* entlehnt. »Qahwa« wiederum ist eines der 150 arabischen Worte für Wein. Richtig gehört, ihr frommen Muslime und Christen: Während Gott »nur« 99 Namen im Koran hat, besitzt Wein im Arabischen 150 Namen!

Im Osten Afrikas beginnt die Geschichte des Kaffees. Die Pflanze stammt wohl aus dem äthiopischen Hochland und wurde zuerst nach Südarabien, dem Jemen, exportiert. Nach einer schönen Legende wurde der Kaffee von Ziegen entdeckt: Ein paar Hirten trieben sich mit ihren Herden auf dem äthiopischen Hochland herum und bemerkten, dass manche Ziegen, die von der Kaffeepflanze gefuttert hatten, überdreht waren und selbst nachts fröhlich umhersprangen und fleißig weitermeckerten, statt wie andere Artgenossen ordnungsgemäß zu schlafen. Kaffee als Wachmacher und Aufputschmittel war geboren und die ersten Koffeinsüchtigen waren Ziegen.

Über die Hirten gelangten die Bohnen zu jemenitischen Sufis, die daraus einen Sud bereiteten und tranken, um bei ihren kontemplativen und stundenlangen Sitzungen und Übungen bis weit nach Mitternacht nicht einzuschlafen. Was der Ziege recht ist, ist dem Mystiker billig. Die Sufis waren es auch, die ihrem neuen und anregenden Getränk den Namen »Qahwa« gaben, ein seltenes und poetisches Wort für Wein. Der Wein konnte den Verlust locker verschmerzen, er hatte noch 149 andere Bezeichnungen und lag gegenüber Gott immer noch mit 50 Namen in Führung. Vom Jemen trat der Kaffee seinen Siegeszug über Mekka, Kairo und Damaskus bis ins Osmanische Reich an und fortan konnten die Osmanen die Finger nicht mehr von dem gebrühten Getränk lassen. Von weltlichen und religiösen Herrschenden von Anfang an kritisch beäugt, wurde der türkische Mokka in jeder »Schenke« angeboten. Die »Schenken« von damals entsprechen wohl den heutigen Spelunken.

Dankbar erweiterten die Kneipiers ihre lasterhafte Angebotspalette: Zu Weintrinken, Glücksspiel und verruchten Sängerinnen gesellte sich der sündige »Qahwa« dazu. Sofort läuteten bei den »Ulema«, den damals noch gebildeten und elitären religiösen Gelehrten des Reiches, die Alarmglocken: »Qahwa« alias Wein, das kann nur was Teuflisches sein. Nach und nach entstanden dennoch auch reine Kaffeehäuser (»Kahvehane«), die ersten beiden in Istanbul wurden im Jahr 1554 von zwei Männern aus Aleppo und Damaskus eröffnet. Danach schossen sie wie Dampf aus dem Kessel und die »Chill-Lounge« der damaligen Zeit zog amüsierwillige Männer an, die bei einem Tässchen Mokka lasen, Schach oder Backgammon spielten und den neuesten Werken von Poeten und Barden lauschten. Selbstverständlich wurde im Kaffeehaus auch fleißig und hitzig über Gott, die Welt, Literatur, Musik und Politik palavert. In so »geschützten« Räumen wie Kneipe und Kaffeehaus konnte sich bei entsprechendem Alkohol- und oder Koffeinpegel schnell mal ein Aufstand entzünden. Bekanntermaßen fürchten aber religiöse und weltliche Herrscher nichts mehr als das attraktive Gangsterduo Sünde & Revolte, ergo wurde der Kaffee im Osmanischen Reich immer wieder verboten. Besonders rabiat ging Sultan Murad IV. in seiner Regierungszeit von 1623 bis 1640 vor. Spaßbremse Murad verbot Kaffee und Tabak, ließ Kaffeehäuser abreißen und so mancher wurde wegen Überschreitung des Verbotes getötet. Der Beliebtheit des Kaffees bei den Untertanen tat das natürlich keinen Abbruch, im Gegenteil. Schon unter Mehmed IV. (1648–1687) wurde der Kaffeeverkauf auf der Straße wieder erlaubt, Kaffeehäuser blieben aus politischen Gründen aber weiterhin verboten. Bis die Herrschenden im 19. Jahrhundert endlich klüger wurden und ein Postulat weiser Herrschaft anwendeten: Wenn du es nicht verbieten kannst, kannst du es besteuern.

Historische Vorläufer des »Coffee to go« waren ebenfalls die Osmanen, genauer gesagt osmanische Truppen, denn die Soldaten schleppten bei den Feldzügen den Kaffee säckeweise überall mit hin. Auch bei der zweiten Belagerung Wiens 1683 mochten sie auf einen türkischen Mokka nicht verzichten. Krieg und Belagerung schön und gut, aber dann wenigstens mit Kaffeekränzchen zwischendurch. Bekanntlich war auch der zweite Versuch der Osmanen Wien einzunehmen erfolglos und vor allem der Pole Georg Franz Kolschitzky tat sich auf christlicher Seite hervor. Des Türkischen mächtig, mischte er sich unter die Belagerer und spionierte sie aus: Die Motivation der osmanischen Truppen noch länger gegen die Stadt anzurennen hielt sich in Grenzen, sie waren müde und wollten nach Hause. Also ein guter Moment, um sie anzugreifen. Als die Türken in die Flucht geschlagen wurden, ließen sie dutzende Säcke ihres Kaffees zurück. Diese wollte Spion Georg Franz als Belohnung für seine tapferen Dienste und außerdem die Konzession ein Kaffeehaus in Wien zu eröffnen. Beides wurde ihm gewährt, er eröffnete schließlich das erste Kaffeehaus in Europa und das »Türkengetränk« trat seinen nächsten Siegeszug durch Europa an.

Soweit so falsch, denn an dieser schönen Geschichte ist nur der tapfere Kundschafter und Dolmetscher Kolschitzky mit seiner Heldentat verbürgt, der Rest nicht. Er erhielt wohl damals wie andere Kundschafter auch die Erlaubnis zum Brühen und Verkaufen des Kaffees, aber er nutzte dieses Privileg nicht. Oder verkaufte seine Konzession weiter und machte damit Reibach. Tatsächlich war der Kaffee schneller und erfolgreicher als die Osmanen und hatte West- und Mitteleuropa längst erobert. In Marseille, Oxford und Venedig wurden bereits Mitte des 17. Jahrhunderts Kaffeehäuser eröffnet. London hatte 1663 schon über 80 Kaffeehäuser und viele von ihnen befanden sich in der Nähe der Börse. Erst viel später stiegen Börsianer von Kaffeehäusern auf mobile Kokainhändler um. In den 70ern desselben Jahrhunderts entwickelte sich Kaffee in Paris zum letzten Schrei, als der osmanische Gesandte 1660 seinen französischen Gästen bei Empfängen süßen türkischen Mokka in feinen Porzellantässchen kredenzen ließ.

Die meisten Betreiber der ersten Kaffeehäuser in Europa waren Ausländer, in Oxford war es ein Jude aus dem Libanon, in London ein Grieche, in Paris und Wien waren es Armenier. Allmählich schwappte die Mode nach Deutschland über und ein Holländer eröffnete in Bremen 1673 einen »Kaffeeschank«. Vier Jahre später folgte ein Engländer mit einem Kaffeehaus in Hamburg und in Würzburg war es wiederum ein »getaufter Türke«, vermutlich ein ehemaliger türkischer Kriegsgefangener, der 1697 das erste Häuschen eröffnete.

Sie kamen zwar aus unterschiedlichen Ecken Europas und des Orients, aber alle richteten ihre Schänken irgendwie »orientalisch« ein und die Kunden wurden von den Kellnern in authentisch osmanischer Kluft bedient, oder was die Kundschaft halt für osmanisch hielt. Rasch erfreute sich der Kaffee großer Beliebtheit bei der deutschen Bevölkerung, aber die Obrigkeit reagierte auf das neue Getränk mit dem gleichen Argwohn wie ihr osmanisches Pendant. Zuerst versuchte man medizinisch zu begründen, warum die Leute die Finger vom »Türkentrank« lassen sollten. Aber damit kam man nicht weit, denn die Brühe war weder giftig noch tödlich, und schlimmer noch, der Trinker fühlte sich nach dem Konsum lebendiger als davor. Was auch an der langen Röstung der Kaffeebohnen gelegen haben könnte, denn dadurch hatten die Leute damals einen wesentlich höheren Koffeinanteil pro Becher als heute. Auf dem Fuß folgten natürlich Gefahren für Sitte, Anstand, Moral und öffentlicher Ordnung. Nur zwielichtiges Gesindel verkehrte in den neuen Etablissements und schmiedete Pläne für Rebellionen und Aufstände. Die weiblichen Servicekräfte waren mindestens halbe Prostituierte, bedienten die männlichen Kunden nicht nur mit Mokka und verdienten sich auch noch einen Extraobolus als Orakel, in dem sie aus dem Kaffeesatz lasen. Nicht umsonst entstand genau in dieser Ära der schöne Spruch: »Coffeum wirft die Jungfrau um«.

Ein anderer, nicht minder schöner Ausdruck der teutonisch-sittlichen Gefahrenabwehr ist der bekannte Kanon des Sachsen Carl Gottlieb Hering:

C-a-f-f-e-e,
trink nicht so viel Caffee!
Nicht für Kinder ist der Türkentrank,
schwächt die Nerven, macht dich blass und krank.
Sei doch kein Muselmann,
der es nicht lassen kann!

Hering (1766–1853) war Lehrer, Komponist und Musikpädagoge, dazu Protestant und Freimaurer und wurde im hintersten Winkel Sachsens, in Schandau, geboren. Er kam nie aus Sachsen hinaus, streute aber seinen Samen in alle Welt und hatte ein übererfülltes Leben, das es mit biblischen Figuren aufnehmen kann: Der Orientale im Geiste zeugte mit seiner ersten Frau 12 Kinder, mit seiner zweiten keins, brachte beide zeitig ins Grab, bevor er selbst viel später im stolzen Alter von 86 Jahren an Altersschwäche in Zittau dahinschied. Hier ein kurzes Best-of seiner Nachkommen: Sohn Ewald wurde Schriftsteller, Filius Julius Sprachwissenschaftler, Carl junior Komponist und Constantin Arzt und Vater der Homöopathie in den USA. Ein anderer allseits bekannter Smash-Hit aus Herings Feder ist:

Hopp, hopp, hopp,
Pferdchen lauf Galopp!
Über Stock und über Steine,
aber brich dir nicht die Beine!
Hopp, hopp, hopp, hopp,
Pferdchen lauf Galopp!

Hering hat seinen Caffee-Kanon wohl nicht allzu ernst gemeint, aber er mochte offensichtlich »Pferdchen« lieber als »Türkentrank und Muselmann«, im Gegensatz zu seinen Landsleuten, die zumindest dem Türkentrank sehr zugetan waren. Alle anderen, die ihn vehement ablehnten, hatten in Wahrheit natürlich irdische Gründe: Einheimische Bier- und Weinkneipiers fürchteten um ihre Marktanteile und ließen kaum etwas unversucht um die neue Konkurrenz auszuschalten und die Herrscher wollten keinen Kapitalabfluss ins Ausland, da der Kaffee natürlich importiert werden musste. Immer wieder versuchten deutsche Fürsten Einfuhr, Handel und Konsum einzuschränken, zu besteuern und zu verbieten.

Friedrich der Große zog die Daumenschrauben besonders gründlich an. Der Preußenkönig war selbst ein passionierter und in seinen ersten Jahrzehnten sogar ein exzessiver Konsument, das hinderte ihn aber nicht daran, 1766 die Einfuhr von Kaffee und vierzehn Jahre später auch die Röstung zu verstaatlichen und darauf auch noch eine Steuer zu erheben. Die leeren Staatskassen mussten irgendwie gefüllt werden und wenn der Kaffee für die meisten unerschwinglich wäre, würden die Leute wieder mehr einheimisches

Bier trinken. Lieber für das Vaterland saufen als für das Ausland die Nächte hellwach durchtanzen, war die Devise. Vom Staatsmonopol auf Import und Röstung waren die höheren Stände wie Adel, Klerus und gehobene Beamtenschaft ausgenommen, sie durften weiterhin rösten, die niederen Stände nicht. Um das Monopol durchzudrücken und Schmuggel zu verhindern, holte Friedrich sich französische Zöllner ins Land, die bei dem Thema als besonders versiert galten. Er bezahlte sie mit einem fürstlichen Sockelgehalt, das sie mit Erfolgsprämien weiter aufstocken konnten und unterstellte ihnen noch invalide, pensionierte Soldaten. Fertig war Preußens Kaffeeschnüffler-Gestapo, die 1766 bei der Aufstellung 3000 Mann groß gewesen sein soll.

Von Leibesvisitationen über Hausdurchsuchungen bis Kontrollen auf offener Straße war der Truppe alles erlaubt. Ob mit oder ohne Kaffeeduft in der Nase war jedermann ihrer Willkür ausgesetzt. Beim Volk waren die Zöllner und Schnüffler schnell verhasst, denn angefeuert von der Aussicht auf Erfolgsprämien, schikanierten sie die Leute nach Belieben – und betrieben manchmal mit dem beschlagnahmten Kaffee selbst Schwarzhandel.

Irgendwann wurden die Kaffeeschnüffler auch dem Alten Fritz zwar zu viel, aber trotz wachsender Empörung und regelmäßiger Beschwerden über das Treiben der eigenmächtigen Kontrolleure endete das Verdikt erst 1787. Letztendlich merkten auch der König und seine Berater, dass es klüger und ertragreicher war, den Kaffee einfach zu besteuern als ihn zu verbieten, und glaubt man den Quellen, muss reichlich Kaffeesteuer in die Staatskasse geflossen sein. Laut den Berichten von Zeitgenossen tranken viele das Luxusgetränk ohne es sich leisten zu können und die Armen kochten sich aus wenigen Bohnen eine Suppe um ihr Brot darin zu tunken. Besonders Empörte sahen in Kaffee schon eine »Volksdroge« und der erste Koffeinjunkie im Staate war: Friedrich der Große!

Kaffee weckte sogar den rebellischen Geist der Deutschen, der traditionell nur auf Sparflamme loderte. Der Fürstbischof von Paderborn löste mit der Erneuerung und Verschärfung eines schon vorhandenen Kaffeeverbots 1781 den berühmten »Paderborner Kaffeelärm« aus. Die meisten Ostwestfalen hatten von dem ersten, bereits seit vier Jahren geltenden Verbot nichts mitbekommen und fleißig ihr neues Lieblingsgetränk weitergetrunken. Aber jetzt machte der Fürstbischof ernst, verhängte Strafzahlungen, ließ Kaffeestände schließen und ging damit den Paderbornern gehörig auf den Zeiger, denn auch in Paderborn galt das Verbot nur für die niederen Stände. So nicht, dachten sich die Paderborner und veranstalten auf dem Marktplatz ein spontanes und bis weit in die Nacht gehendes Volksfest. Überraschenderweise gab es an vielen Ständen Gratiskaffee soviel man wollte. Vermutlich war es die erste und einzige Kaffee-Flatrate-Party der Geschichte. Die Leute ließen es krachen, blieben natürlich locker die ganze Nacht lang wach und sangen Spottlieder auf den Fürstbischof.

Als ihm am nächsten Tag von den »Ausschreitungen« berichtet wurde, ließ er in Paderborn Soldaten anrücken, aber die Sause war längst vorbei und niemand ließ sich etwas anmerken. Wer die Party und besonders den stundenlangen Kaffeeausschank gesponsert hatte, blieb im Dunklen, vermutlich waren es wohlhabende Bürger, die mit dem Fürstbischof eh noch ein paar Hühnchen zu rupfen hatten. Um sich nicht vollends zu blamieren, legte auch der Fürst seinen bischöflichen Mantel des Schweigens drüber und pochte nicht mehr auf die Durchsetzung des Verbotes. Erstaunlich, dass heutige Kaffeewerbung diese historische Facette des Kaffees noch nicht bemerkt hat: Der Kaffeegenuss als rebellischer Akt. Was für ein unwiderstehliches Verkaufsargument.

Weder Verbote, noch Staatsmonopole konnten den Kaffee in ganz Europa mehr aufhalten und Kolonialmächte wie Niederlande, Spanien, Portugal und Frankreich witterten das große Geschäft. Sie versuchten bereits Ende des 17. Jahrhunderts die Kaffeepflanze in ihren Kolonien anzubauen. Mit dem Anbau der Pflanze in Südamerika, vor allem in Brasilien durch die Portugiesen, begann die massenhafte Produktion von Kaffee und sie befeuerte den Sklavenhandel, denn die immer größeren Kaffeeplantagen benötigten immer mehr Arbeitskräfte. Arabische und Afrikanische Kaffeeproduzenten und Händler gerieten in diesem zunehmend global ausgetragenen Wettstreit ins Hintertreffen. Die Europäer erlangten als Produzenten und Händler eine derartige Vormachtstellung, dass sie sogar das Osmanische Reich mit Kaffee belieferten.

Mitte des 19. Jahrhunderts wurde Kaffee in Europa zum Massenprodukt, die Kaffeepreise fielen.

Zum Massengetränk wurde er nur teilweise, denn für die Mehrheit blieb er ein Luxusgetränk, das man zu besonderen Anlässen trank. Ansonsten sattelte man auf Ersatzdrogen um, also auf Kaffeesurrogate. Sie wurden aus Malz, Gerste, Zichorien und anderen Zutaten hergestellt, und wer es sich leisten konnte, mischte ein paar echte Kaffeebohnen dazu. Bei der durch die Industrialisierung entstehenden Arbeiterschicht war die oben erwähnte Kaffeesuppe sehr beliebt, die man den ganzen Tag über warm hielt, Brot darin tunkte und aß, um wach zu bleiben und das enorme und ausbeuterische Arbeitspensum zu bewältigen. Nach dem Zweiten Weltkrieg wurde Kaffee zum Getränk des wirtschaftlichen Aufschwungs und in den folgenden Jahrzehnten durch Kaffeekränzchen, Sonntagskaffee, Draußen nur Kännchen und andere lustige Rituale vollkommen eingedeutscht. Eine Wochenzeitschrift packte einen Bericht über Kaffee unter die Rubrik »Deutsche Heiligtümer« und laut Statistiken trinkt die oder der Deutsche täglich im Durchschnitt 0,4 Liter und verbraucht jährlich etwa 6,5 Kilo Kaffee. Nicht ohne Stolz weisen diese Statistiken dann darauf hin, dass der Deutsche damit sogar mehr Kaffee als der Italiener trinkt. Immer noch ist »der Italiener« für einheimische Gourmets und andere Lebenskünstler *der* Maßstab für Genuss und Lifestyle und vor allem der Kaffeegenuss ist ja typisch italienisch. Irrtum, denn oft, wenn »Italiener« draufsteht, steckt ein Araber drin.

RITTER MIT SCHNAUZER

Am Ende seiner über 80-jährigen und erstaunlichen Karriere legte der Türke einen spektakulären Abgang hin: Er brannte ab. Im Sommer des Jahres 1854 war an der US-amerikanischen Westküste im National Theater an der Chestnut Street in Philadelphia ein Feuer ausgebrochen und hatte in kurzer Zeit alle benachbarten Gebäude in Brand gesetzt, auch das Peale's Museum. Dieses lag nur wenige Meter von der Rückseite des Theaters entfernt an der Sansom Street und wurde vom Landschaftsmaler und Local Hero Charles Willson Peale (1741–1827) gegründet, der darin zunächst seine eigenen Arbeiten ausgestellt hatte. Später beherbergte das weiträumige Gebäude auch ein Chinesisches Museum mit lebensgroßen Figuren, Kunstgegenständen und anderen Exponaten aus dem Reich der Mitte und entwickelte sich zum beliebten Treffpunkt der Bewohner Philadelphias. Sie veranstalteten dort Bankette, Tanzabende, hielten öffentliche Versammlungen ab und auch der Türke hatte in dem Haus einige Vorstellungen gegeben. Sein letzter Auftritt lag bereits mehr als ein Jahrzehnt zurück und er hatte in einer der oberen Etagen des Museums im wohlverdienten Ruhestand vor sich hin gemodert, als die Flammen ihn sowie den gesamten Straßenblock zerstörten.

Der Türke war der berühmteste Automat des 18. und 19. Jahrhunderts. Im Portfolio hatte er eine der sieben ritterlichen Tugenden: Schach spielen. Er war eine menschengroße Figur aus Holz, Stoff und Metall und saß an einem Tisch auf Rädern. Sein Erfinder war der Wiener Hofmechanikus Wolfgang von Kempelen. Er hatte der Figur Schnauzbart, Turban und eine weite Pluderhose verpasst. Darum wurde er schon kurze Zeit nach der »Geburt« von den Leuten in Wien »Türke« genannt, obwohl ihm Kempelen selbst nie einen Namen gegeben hatte. Er war ein Schachautomat, konnte spielen wie der Teufel und vermutlich war seine Kostümierung nicht nur eine Reminiszenz an den damaligen Zeitgeist, als der Orient-Style hip war. Die Osmanen hatte man schon lange von den Stadttoren vertrieben, aber Kaffee und Kostüme gerne übernommen. Bei den oberen Zehntausend war es Mode das Servicepersonal in osmanische Trachten zu stecken und türkischen Mokka kredenzen zu lassen. Man gab sich gern exotisch, geheimnisvoll, mystisch. Bedauerlicherweise verzichteten die Vornehmen auf braungebrannte halbnackte Schlangenbeschwörer, die Flöte spielend eine Kobra aus dem Tontopf lockten. Vermutlich wäre den edlen Ösi-Damen vor Schreck die Perücke vom Kopf gehüpft. Zuviel Orient-Kitsch sollte es dann auch nicht sein. Tatsächlich aus dem

Orient stammte aber das Spiel, das der Automat so meisterhaft beherrschte und der orientalische Look sollte auf diese Herkunft deuten und dem Automaten damit mehr Glaubwürdigkeit verleihen. Als der Türke Anfang des Jahres 1770 erstmals mit seinen Künsten am Wiener Hof die Kaiserin Maria Theresia beeindruckte, hatte das königliche Spiel rund zehn Jahrhunderte und eine Westwanderung von mehreren tausend Kilometern auf dem Buckel.

Das Spiel wandert

Man kann die chronologisch-geographische Reise des Spiels kurz und bündig wiedergeben: Indien – Persien – Arabisch-Islamisches Reich – Südeuropa – Mittel- und Osteuropa. Die sehr wahrscheinliche Urform des Schachs spielten die Inder und nannten das Kriegsspiel *chatur anga*, was man mit »Vier Ränge haben« oder »Vier Reihen haben« übersetzen könnte. Mit den vier Reihen sind die Abteilungen der Armee gemeint, die während der Antike üblich waren: Elefanten, Streitwagen, Infanterie (Fußsoldaten) und Kavallerie (Pferde). Die Perser übernahmen das Spiel von den Indern und nannten es *chatrang*. Eine alte Erzählung aus der letzten Phase der Sassaniden-Herrschaft, das *Chatrang-namak*, »Schachbuch«, berichtet davon. In der Geschichte geht es um einen indischen Herrscher und den persischen Großkönig Chosrau I., der von 531–579 u. Z. regierte und sich ganz bescheiden *Anuschirawan*, »Unsterbliche Seele« nennen ließ: Der indische Herrscher ließ Chosrau I. durch seine Bot-

schafter kommentarlos ein Chatur-anga-Spiel überbringen. Das Spiel sollte Präsent und Knobelaufgabe
zugleich für Chosrau I. sein, eine Challenge von König
zu König. Assistiert von einem hohen Würdenträger
löste der Großkönig natürlich das Rätsel, er kriegte
die Regeln und worum es in dem Spiel ging heraus und
schickte nun seinerseits dem indischen Herrscher-
kollegen einen Vorläufer des Backgammon-Spiels als
Rechallenge. Auch der indische Herrscher löste nun
seinerseits das Rätsel und verliebte sich in Anuschirawan, die beiden wurden ein Paar lebten glücklich bis
an ihr Lebensende ...

Ist natürlich Unsinn, aber der persische Großkönig
musste, weil er das Rätsel gelöst hatte, keinen Tribut an seinen indischen Amtskollegen entrichten. Ob
der Inderkönig das Backgammon-Rätsel löste oder bei
Nichtlösung seinerseits dem Perserkönig Tribut ab-
drücken musste, ist nicht überliefert.

Genauso wenig ist bekannt, ob Anuschirawans Seele
wirklich unsterblich war, aber mit seinen Dauerkrie-
gen gegen das Oströmische Reich, die auch seine
Nachfolger fortsetzten, beschleunigte er die Sterb-
lichkeit des Persischen Reiches enorm. Etwa ein Jahrhundert später hatten die frisch islamisierten Araber
unter dem zweiten Kalifen Omar und dem dritten Kalifen Osman keine großen Probleme, das ausgezehrte
Reich zu erobern, und sie waren klug genug, viele Errungenschaften der persischen Kultur und Zivilisation zu adaptieren. Unter anderem übernahmen sie
das Schachspiel, aus dem persischen *chatrang* wurde

das arabische *shatrandj*. Bei den Arabern scheint sich das Spiel bald zum Volkssport entwickelt zu haben, denn fortan schleppten sie es bei ihren Eroberungen überall mit hin, auch bis nach Westafrika, Sizilien und Südspanien. Schon während der Dynastie der Abbasiden, deren Mitglieder von 750–1258 u. Z. die Kalifen stellten, entstanden schriftliche Aufzeichnungen zum Spiel. Anfangs waren es Notizen von passionierten Spielern über Züge und Positionen für den eigenen Bedarf, im neunten Jahrhundert wurden bereits Spielanleitungen, Fachbücher und kurze Lebensgeschichten von berühmten Spielern verfasst. Die Araber spielten auf einem Brett mit 8 x 8 gleichfarbigen Feldern, mit schwarzen und roten Figuren, deren Aufstellung der heutigen schon recht ähnlich war und behielten größtenteils die persischen Namen der Figuren bei. Im Gegensatz zu den später festgesetzten Regeln durfte der Wesir, die heutige Dame, allerdings nur ein Feld pro Zug in jede Richtung gehen.

Schach als Aufstiegsbooster

Unter dem vierten Kalifen Ali, der 656–661 u. Z. regierte, waren noch geschnitzte, echten Lebewesen nachempfundene Schachfiguren beliebt. Ali mochte es plastisch. Später nahmen die Figuren, vermutlich auch auf Druck der religiösen Autoritäten, abstraktere Formen an, immerhin wurden sie dadurch für mehr Leute erschwinglich. Schach galt auch bei Arabern als das königliche Spiel, das für die Herrschenden und Vornehmen erfunden wurde, nicht für den Pöbel. Was den Pöbel aber nicht weiter störte, denn Schach entwickelte sich beim Volk zu einer echten Konkurrenz zum damals schon weit verbreiteten und beliebten *nard*, einem Vorläufer des Backgammon. Gute Spieler genossen in allen gesellschaftlichen Schichten hohes Ansehen und wer es zur Meisterschaft beim Schach brachte, konnte mit Aufstieg und Reichtum rechnen, Schach war ein Aufstiegsbooster. Die ersten arabischen Meister beherrschten schon die ganze Klaviatur, auf der auch später ihre europäischen Nachfolger spielen sollten, um beim Publikum mächtig Eindruck zu schinden: Sie spielten simultan gegen mehrere Gegner, mal blind gegen einen Gegner und zwei weitere sehend, mal einfach mit dem Rücken zum Brett. Dafür wurden sie bewundert und fürstlich bezahlt, selbst ein durchschnittlich begabter Spieler konnte mit Schachkünsten seinen Lebensunterhalt bestreiten, wenn er unterrichtete, durch die Provinzen des riesigen Reiches von Westafrika bis nach Indien tingelte und Showkämpfe bestritt.

Doch wie jeder Feierabendphilosoph mit Bierpulle in der Hand vor dem Spätkauf weiß: Wo viel Licht ist, da ist auch viel Schatten. Für den sorgten die religiösen Gralshüter und arbeiteten sich jahrhundertelang an dem Spiel ab: Natürlich durfte nur Gott himself Gott spielen, nicht der Gläubige, nicht einmal auf einem quadratischen Feld mit kleinen Holzfiguren. Ohnehin war Spielen allgemein zu allen Zeiten allen theologischen Dogmatikern suspekt. Zwar erkannte der islamische Klerus an, dass Schach kein Glückspiel war und man wesentlich mehr Grips als zum Beispiel beim

Backgammon brauchte, aber genau deshalb konnte es süchtig machen und den Moslem von seinen religiösen Pflichten wie waschen und beten und beten und waschen und nochmal in der Moschee beten bis die Frau zu Hause das Essen fertig auf dem Tisch hat, abhalten. Es konnte zum Zocken verführen, denn man konnte ja um Geld spielen oder noch schlimmer: Dritte zum Wetten auf den Spielausgang animieren. Obwohl der Prophet Muhammad sich ja eigentlich zu sämtlichen Aspekten des irdischen und himmlischen Lebens ausgiebig geäußert hatte, ließen sich zum tiefen Bedauern der Gelehrten weder im Koran noch in den tausenden Hadithen Aussagen des Propheten zum verführerischen Schachspiel finden. Nach Jahrzehnten verzweifelter und vergeblicher Recherche in den Urquellen stieß ein hartnäckiger Schnüffler endlich auf eine passende Überlieferung: Der als besonders streng und fromm geltende zweite Kalif Omar habe gesagt, Schach sei noch schlimmer als Backgammon. Nehmt das, ihr spielsüchtigen Hallodris!

Der Schnüffler wurde von der begeisterten Genossenschaft der theologischen Spaßbremsen zum Mitarbeiter des Monats Ramadan gewählt. Wegen der immer noch recht dürren Quellenlage zu Gefahren beim Schach konnten die Experten leider kein *Haram*-Urteil fällen, sie konnten Schach nicht unter religiöses Verbot stellen. Es reichte nur zu einem *makruh*, das Spiel war nur »verwerflich«. Den Quantensprung zum eindeutigen *haram* samt stichhaltiger Begründung vollbrachte schließlich der Großmufti von Saudi Arabien in unserer Zeit. Während einer Fernsehsendung 2015 erklärte er auf Nachfrage eines Zuschauers, Schach sei für den Moslem verboten. Es sei reine Zeitverschwendung, eine Ausgeburt des Satans wie auch Alkohol und Glücksspiel. Das Spiel würde arme Leute reich und Reiche arm machen und Feindschaft zwischen den Spielenden schüren. Und selbstverständlich würde es den Gläubigen von seinen religiösen Pflichten abhalten. Ausgerechnet vor der Austragung eines Schachturniers in Mekka Anfang des Jahres 2016 ging der Clip mit den Aussagen des Großmuftis um die Welt und bescherte den Veranstaltern eine Art von Publicity, auf die sie vermutlich gern verzichtet hätten. Alle Versuche der Theologen, Schach zu diskreditieren, blieben über die Jahrhunderte erfolglos, genauso wie die absurde aber originelle Einschätzung des Großmuftis in unserer Zeit. Das Spiel der Könige erfreute sich durchgehend großer Beliebtheit und selbst in Nachrufen gehörte die Könnerschaft beim Schach zu den guten Dingen, die man Verstorbenen zuschrieb.

König auf dem Brett trifft König der Welt

Der zentralasiatische Herrscher Timur, auch »Timur, der Lahme« genannt, lebte von 1336–1405 u. Z. und war ein gefürchteter und zuweilen brutaler Kriegsherr und nicht gerade für sein Lotterleben bekannt. Eine musische oder gar künstlerische Ader wurde ihm ebenso wenig zugeschrieben, aber er war ein begeisterter Schachspieler, der sich mit Großmeistern des Spiels an seinem nomadischen Hof schmückte. Darunter soll ein Profi mit dem schönen Künstlernamen

Ali Shatranji gewesen sein. Sein eigentlicher Name war Ala ad-Din at-Tabrizi, ein gelernter Jurist, der Timur beeindruckte, weil er simultan und blind gegen mehrere Gegner spielen konnte, das Ganze auch noch in einem unglaublichen Tempo. Zudem verfasste er noch eine Gebrauchsanleitung zum Spiel. Seine Erklärung, woher er diese Gabe habe, war seinen Schachkünsten ebenbürtig: Muhammads Cousin und Schwiegersohn Ali, einer der frühesten Anhänger des Propheten, vierter Kalif und der »Löwe Gottes« sei ihm im Traum erschienen und habe ihm ein Schachbrett samt Figuren in die Hand gedrückt. Seitdem sei er unschlagbar. Mit dieser Geschichte rannte er bei Timur offene Türen ein, denn dieser fühlte sich ebenfalls von höheren Mächten zum Herrschertum auserwählt und erkannte in Ali Shatranji einen Bruder im Geiste. Beim Schach war Shatranji der König, in der realen Welt war es Timur und sein Expansionsdrang machte auch vor dem Spiel nicht halt. Er erweiterte das Spiel um eine Version mit noch mehr Feldern und Figuren und um den Schwierigkeitsgrad weiter zu erhöhen, sollten die anderen Meister an runden Brettern gegeneinander spielen. Ob es je ein Mann Gottes wagte, Timur auf die Suchtgefahren des Schachspiels hinzuweisen, ist leider nicht überliefert.

Schach erobert Europa

Während in der zweiten Hälfte des 14. Jahrhunderts Timur seine kleinen Profiturniere zwischen den Kriegszügen durch Klein-, Zentral,- und Hinterasien veranstaltete, war Schach durch die arabischen Eroberungen Südspaniens und Siziliens längst in Europa angekommen. Seit Beginn des achten Jahrhunderts hatte sich das islamische Andalusien durch tatkräftige Initiative der Kalifen zu einer kulturellen Hochburg gemausert und die ersten Schachturniere auf dem »alten« Kontinent ausgerichtet. Etwa ein Jahrhundert später hatten die Araber auch Sizilien und Süditalien unter ihre Kontrolle gebracht und natürlich das Schachspiel auf dem Schiff gehabt. Ob die islamische Vorherrschaft für die einheimischen Christen nun Fluch oder Segen oder beides zugleich war, das Schachspiel scheinen sie samt arabischem Vokabular begeistert angenommen zu haben. Anfangs übernahmen sie auch die abstrakten arabischen Figuren, aber irgendwann waren ihnen die Schachfiguren wohl zu abstrakt. Die europäischen Handwerker begannen, inspiriert von der christlichen Ikonographie, die Figuren plastischer zu gestalten und ihren Charakter sukzessive zu verändern, schließlich waren in hiesigen Breitengraden weder Kriegselefanten noch Wesire oder Schahs üblich. Aus dem Fußsoldaten wurde der Bauer, aus dem Streitwagen der Turm, aus dem männlichen Wesir die Dame, der Kriegselefant wurde nach metamorphischem Zwischenstopp als Bischof schließlich zum Läufer und der Schah wurde zu seinem Äquivalent König. Nur das Pferd blieb annähernd bei seinem Naturell und wurde zum Springer. Diese Umwandlung fand natürlich nicht über Nacht statt, sondern vollzog sich über einen längeren Zeitraum und war im 13. Jahrhundert größtenteils abgeschlossen. Die europäischen Spieler hatten sich Schach umfassend einverleibt und von den arabisch-persisch-indischen Ursprüngen blieb in der Optik und den Namen der Figuren nichts mehr sichtbar.

Nur die christlichen Kleriker übernahmen vorbildlich interreligiös die Vorbehalte ihrer islamischen Kollegen – mit ähnlich durchschlagendem Erfolg. Selbst die kirchlichen Angestellten konnten, trotz mehrfacher betriebsinterner Verbote, nicht die Finger vom Spiel lassen. Schach erfreute sich im Abendland immer größerer Beliebtheit. Es wurde sogar in den Kanon der männlich-ritterlichen Tugenden aufgenommen neben Bogenschießen, Beizjagd, Schwimmen, Reiten, Dichten und Zweikampf. Und die Damen standen nicht nach: Wollte die adelige junge Lady eine gute Partie abgeben, musste sie neben Storytelling, Musizieren mit Stimme und Instrument auch Schreiben und Lesen in petto haben – und natürlich eine Granate am Schachbrett sein! Zu gern würde man mit einer Zeitmaschine ins Hochmittelalter reisen, um den Realitätscheck zu machen: Wie das tatsächlich aussah, wenn der analphabetische Ritter mit Seepferdchen-Abzeichen seine holde Dame dichtend anschmachtet, während diese ihre Sangeskünste mit instrumentaler Begleitung zum Besten gibt und beide ganz nebenbei eine Partie Schach spielen.

Schach war in der Mitte, vor allem aber an der Spitze der christlich-mittelalterlichen Gesellschaft – Achtung, Integrationsphrase! – endgültig »angekommen«. Es inspirierte Künstler, Handwerker, Literaten, Chronisten, Wissenschaftler und Kleriker, schließlich war es das perfekte Abbild der Zustände: An der Spitze stand der König, umgeben von seiner Dame, den Bischöfen und den Türmen und unter ihm die Bauern. Das Spiel wurde als Metapher für die hierarchisch zementierte mittelalterliche Gesellschaft totgeritten. Das Standardwerk zur Allegorie verfasste der italienische Dominikanermönch Jacobus de Cessolis. Er stammte aus der Lombardei und schrieb seinen Ende des 13. Jahrhunderts entstandenen Bestseller standesgemäß auf Latein: *Libellus de moribus hominum et de officiis nobilium super ludo saccorum,* »Buch von den Sitten der Menschen und den Pflichten der Vornehmen, abgeleitet vom Schachspiel«. Darin konstatiert De Cessolis mit sozialkritischem Unterton, dass zwar jede Figur ihren Platz, ihre Rolle im Spiel hat, aber alle Figuren voneinander abhängig sind. Nur wenn sie auch die Pflichten, die sie einander schulden,.erfüllen, können sie erfolgreich sein. Die niederen Stände brauchen König und Klerus und unterstehen diesen, aber Klerus und König brauchen genauso das Volk. Eine Win-win-Situation gibt es nur, wenn alle ihrer von Gott vorgegeben Rollen inklusive der Rechte und Pflichten nachkommen. Von de Cessolis Werk wurden über 100 weitere unterschiedliche Fassungen in Latein angefertigt und es wurde ins Englische, Niederländische, Italienische und Deutsche übersetzt. Die deutsche Übersetzung war die Basis einer ganzen Gattung, der *Schachzabelbücher.* Das mittelhochdeutsche *Zabel* leitet sich vom lateinischen *tabula,* »Tisch, Tafel« ab. In den Schachzabelbüchern ging es vordergründig um Schachregeln, hauptsächlich aber um die gleiche Metaebene, Schach = Abbild der gesellschaftlichen Ordnung.

Lobhudelei und Literatur

Wie schon bei den Arabern wurde das Können am Brett bewundert und geachtet und die christlichen Chronisten übernahmen ebenfalls die Lobhudeleien ihrer arabischen Kollegen. Wenn jemand von Rang und Namen war, musste er automatisch ein exzellenter Schachspieler sein, wie zum Beispiel der Frankenkönig Karl der Große, der 768–814 u. Z. regierte. Auch wenn der große Karl das Spiel vermutlich gar nicht kannte. An der gern und posthum angewandten Gleichung großer König = großer Schachspieler änderte das nichts. Wer was auf sich hielt und »höfisch« sein wollte, besaß ein Set aus feinem Brett und plastischen Figuren aus Elfenbein, Bernstein oder Knochen. Geschmackliche Urahnen russischer Oligarchenfrauen leisteten sich auch vergoldete oder mit Edelsteinen bestückte Figuren.

Literaten verbauten Schach in die bekannten Sagen des Mittelalters. In einer der vielen Versionen von Tristan und Isolde spielen die beiden während der Bootsüberfahrt eine Runde Schach und trinken dabei versehentlich den Liebestrank, der eigentlich für Isolde und ihren zukünftigen Macker, König Marke bestimmt ist. Natürlich sind Tristan und Isolde blitzartig und hoffnungslos ineinander verliebt, König Markes Begeisterung hält sich in Grenzen und das bekannt tragische Schicksal der beiden Lover nimmt seinen Lauf. Was halt so alles passieren kann, wenn man in eine Schachpartie vertieft ist.

Schach blieb en vogue und erfreute sich vor allem bei den höheren Ständen großer Beliebtheit, aber das Spielniveau war wohl nicht besonders hoch. Die kostbaren Figurensätze der Reichen waren kleine Vermögensanlagen – jede Figur ein bis ins kleinste Detail ausgearbeitetes Unikat aus bestem Material – für die Praxis jedoch völlig ungeeignet. Dazu war das Spieltempo quälend niedrig, manche Partien gingen über Tage. Erst im späten Mittelalter machte die Professionalisierung von Spiel und Spielern entscheidende Fortschritte. Zum einen wollte das langsam entstehende Bürgertum auch mitspielen, allerdings mit praktischeren, schlichteren und günstigeren Figuren aus Holz oder Knochen, zum anderen wurden zwei Figuren beschleunigt: Die Dame »also known as« (lässig amerikanisch abgekürzt mit *aka*) *Wesir* aka *Mantri* (Minister) durfte jetzt in alle Richtungen ziehen soweit sie wollte und der Läufer aka *Fil* (Kriegselefant) aka *Gajah* (Kriegselefant) durfte diagonal so weit wie er wollte laufen, statt nur ein Feld weiterzuziehen.

Die Regeländerungen kamen vermutlich aus Spanien und Italien und setzten sich allmählich auch in Mittel- und Nordeuropa durch. Was nicht verwundert, schließlich hatten sich die Südeuropäer als Erstkonsumenten wesentlich länger mit epischen Schachpartien gequält. Nach einer Zeit des Übergangs, in der vermutlich die alte Version mit lahmer Dame und Schnecken-Läufer und die neue Version gleichzeitig gespielt wurden, setzte sich die Tempo-Version endgültig durch. Das Bürgertum übernahm allmählich die Vorherrschaft über das Spiel, der gemeine Adel hingegen verlor größtenteils das Interesse an dem Spiel der Könige. Exklusivität und Posertum waren verlustig gegangen, man zerstreute sich lieber mit Theater, Tanz und anderem kurzweiligen Tand, während an den Königshäusern in England und Frankreich dem Spiel lange Zeit die Treue gehalten wurde. Mitte des 16. Jahrhunderts zählte *The Virgin Queen* Elisabeth I. Schach zu ihren liebsten Hobbys, genauso wie ihre Konkurrentin auf dem französischen Thron, Katharina von Medici.

Überbegabt und durchgeknallt

Quer durch alle Völker ist die Schachgeschichte von überbegabten, oft auch von überbegabten und durchgeknallten, in jedem Fall aber schillernden Persönlichkeiten geprägt worden. Im 17. Jahrhundert war es Gioachino Greco. Der Bauernsohn aus Kalabrien kam 1600 u. Z. auf die Welt. Greco lebte nicht lange, er wurde nur etwa dreißig Jahre alt und profitierte vom ersten Schachboom, den er selbst mitentfacht hatte. Es ist nicht bekannt, wann Greco das Spiel entdeckte und merkte wie gut er darin war, aber die Karriere als lebenslanger Agronom in Kalabrien kam offensichtlich nicht in Frage. Mit Anfang zwanzig mischte er bereits die Schachszene in Rom auf, schlug dort alle Spieler. Danach reiste er durch Westeuropa und duellierte sich erfolgreich mit den besten Spielern seiner Zeit. Greco war seinen Gegnern wohl weit überlegen, erspielte sich Reichtum und Ruhm, zeichnete Partien auf und schrieb Bücher zum Spiel, die zu Standardwerken für Amateure und Profis der nächsten beiden Jahrhunderte wurden. Er machte die neuere, schnellere Spielweise europaweit bekannt und setzte die Form der Rochade fest, wie sie bis heute international gültig ist. Nach Stationen in Paris, Nancy, London und Madrid reiste er per Schiff über den Atlantischen Ozean und verbrachte den Rest seines kurzen Lebens auf den Antillen in der Karibik. Warum er dort, um 1630 u. Z., schon mit etwa dreißig starb, ist nicht bekannt, ebenso wenig, was ihn in die neue Welt zog.

Gioachino Greco folgten andere Spieler, die im europäischen Ausland umherreisten, um sich mit Kollegen zu messen, Fachbücher schrieben und die immer größere Schach-Fangemeinde mit »neuem Stoff« zu Spielweise, Taktik und Historie fütterten. Ende des 17. Jahrhunderts schrieb der akademische Überflieger und englischer Orientalist Thomas Hyde in seinem Buch *De Ludis Orientalibus*, »Über orientalische Spiele«, die erste fundierte Geschichte des Schachspiels. Hyde verbrachte sein ganzes Leben (1636 bis 1703 u. Z.) in England, sprach Arabisch, Persisch, Hebräisch und Türkisch, konnte deshalb auf eine Fülle nichteuropäischer Quellen zugreifen und verortete die Wurzeln des Spiels korrekterweise in Indien und Persien. Ach ja, er beherrschte noch Sprachen wie Chinesisch und Malaiisch in Grundzügen, war dazu Bibliothekar und Linguist, um ein kleines Best-of seiner Fähigkeiten und Tätigkeiten zu nennen. Um der Sahnetorte noch die Kirsche draufzusetzen: Allenthalben wird erwähnt, dass Thomas Hyde der Erste war, der das Wort *Dualismus* in seinen Schriften benutzt hat, nämlich in seinem 1700 veröffentlichen Buch *Historia religionis veterum Persarum*, was auf Deutsch »Geschichte der Religion der alten Perser« heißt, wie natürlich jeder mit kleinem Latinum weiß. Erstaunlicherweise war er nicht auch noch ein brillanter Spieler, Schach war ihm nur ein Hobby und er schrieb nur darüber.

Schachcafés übernehmen die Herrschaft

Im 18. Jahrhundert setzte sich der Schachboom unvermindert fort und wurde sogar weiter entfacht durch Kaffeehäuser, die in Europa schwer in Mode kamen. Sie entwickelten sich zu idealen Treffpunkten für Hobbyspieler und Profis. Waren anfangs Spanien und anschließend Italien die Mekkas des europäischen Schachs gewesen, wurden sie jetzt von Frankreich und England abgelöst. Die Hotspots der neuen Epoche waren das *Café de la Régence* in Paris und das *Slaughter's Coffee House* in London. Schachfreaks beider Länder versammelten sich an diesen beiden Orten und veranstalteten inoffizielle Landesmeisterschaften, dazu gab es regen Austausch zwischen beiden Zentren. Französische Meister fuhren zum Auswärtsspiel nach London und die britischen nach Paris. Das Café de la Régence leistete sich sogar einen Profi, der im Stand-by-Modus zur Verfügung stand, falls Gäste gegen ihn spielen wollten, er war der Haus-Meister, den die Gäste jederzeit herausfordern durften. Auch Celebrities wie Jean-Jacques Rousseau (Philosoph, Pädagoge, Schriftsteller), Maximilien de Robespierre

(Rechtsanwalt, führender Kopf der französischen Revolution und später Geköpfter der Revolution), Voltaire (Philosoph und Buddy vom Alten Fritz) und Napoleon (General und verhinderter Weltherrscher) ließen sich regelmäßig im Café blicken. Napoleon Bonaparte soll ein begeisterter, aber cholerischer Spieler auf lausigem Niveau gewesen sein. Bei diesem Urteil stützen sich die Quellen gewiss nicht auf Bonapartes Selbsteinschätzung. Wobei es spannend wäre, was die Chronisten über die Chess-Skills des korsischen Diktators geschrieben hätten, wenn er kein schmähliches Ende als berühmtester Bewohner der Seniorenresidenz St. Helena gefunden hätte.

Schachgenies und Schachbücher

Der »undefeated Champion« beider Cafés und Schachsuperstar des 18. Jahrhunderts war François-André Danican Philidor. François-André wurde 1726 im Norden Frankreichs in eine Musikerfamilie geboren und sollte wie sein Vater und Großvater vor ihm ebenfalls die Musikerlaufbahn einschlagen, er war eine klassische Musikerzüchtung. Philidor tat wie ihm geheißen und brachte es zu einem gewissen Ruhm als Komponist. Bereits mit zwölf Jahren soll er seine erste Komposition vorgelegt haben, die gleich mal vor dem beindruckten Sonnenkönig Ludwig XIV. zur Aufführung kam. Sein Vater Philidor senior ermöglichte wohl das Vorspielen, er war angestellter Musiker in der Haus- und Hofband des Sonnenkönigs. Insgesamt schrieb Philidor junior über zwanzig Opern, die zum

Teil erfolgreich aufgeführt wurden und blieb sein Leben lang der Musik treu. Weltberühmt wurde er jedoch wegen seiner Schachkünste und verdiente mit dem Spiel den Lebensunterhalt. Er war brillant am Brett und soll mit zehn Jahren von einem anderen Musiker Schach gelernt haben. Mit 18 Jahren hatte er sein Coming-out als Schachgenie und beindruckte die Fachwelt: Er spielte gegen zwei Gegner blind und simultan und gewann. Zur Koryphäe wurde er mit seinem Buch *L' Analyse des Échecs* und dem darin enthaltenen Ausspruch:»Die Bauern sind die Seele des Schachspiels«. Das Buch erschien 1749 und avancierte zum Klassiker der Schachliteratur, es wurde zunächst ins Englische und später auch ins Deutsche mit dem Titel»Praktische Anweisungen zum Schachspiel« übersetzt.

Philidor pendelte regelmäßig zwischen Paris und London und war Stammgast in beiden Cafés. Im Slaughter's Coffee House spielte er mit 21 Jahren gegen den älteren Philipp Stamma, einen syrischen Christen aus Aleppo, der um 1705 geboren wurde und vermutlich 1755 starb. Genauer weiß man es bis dato nicht. Philipp Stammas Stern war ebenfalls in Paris aufgegangen, bevor er nach England übersiedelte. Er war die andere große Schachfigur der Epoche und ebenfalls Verfasser eines späteren Schachklassikers: *Essai sur le jeu des Échecs* aus dem Jahr 1737. Auch Stammas Buch mit Schachkompositionen erlebte wie Philidors Buch viele, teilweise überarbeitete und ergänzte Auflagen und wurde unter anderem ins Englische und Deutsche übersetzt. Die erste deutsche Übersetzung trug wie das französische Original einen knackigen lakonischen Titel: *Des Arabers Philipp Stamma, gebürtig von Aleppo in Syrien, entdeckte Schachspiel-Geheimnisse.* Offenbar galt die Angabe der orientalischen Herkunft des Autors als verkaufsfördernd und der Übersetzer kippte schon im Titel gleich mal den ganzen Kübel an Stereotypen, schwülstigen Projektionen und herabsetzenden Vorurteilen über Orient und Orientalen aus, der bis heute den Blick Westeuropas auf den Orient bestimmt. Der Syrer hatte nicht wegen seiner außergewöhnlichen intellektuellen Fähigkeiten ein beindruckendes Standardwerk zum Schachspiel verfasst, nein. Der *Araber* hatte *Geheimnisse entdeckt.* So ist er halt, der Araber, er denkt nicht und mehrt auch kein Wissen, er entdeckt höchstens Geheimnisse oder reibt an der Wunderlampe, bis der Geist rauskommt.

In die Schachgeschichte ging das Werk auch ein, weil darin Stamma als Erster die algebraische Notation mit Buchstaben und Zahlen einführte. Der Kampf der Titanen in London endete dann eindeutiger als erwartet. Philidor gewann das Duell gegen Stamma mit 8:2 und galt nach dem Sieg als erster Weltmeister des Schach. Obwohl François-André Danican Philidor der stärkste Spieler seiner Zeit und berühmt war, schrieb er finanziell durchgehend rote Zahlen. Er war Saisonarbeiter eines exklusiven Londoner Schachclubs und stand jedes Jahr von Februar bis Mai den Mitgliedern für Partien zur Verfügung, veranstaltete aufsehenerregende Simultan-Showkämpfe gegen mehrere Gegner und gab Anfängern Schach- und Musikunterricht, aber das Geld blieb immer knapp. Da kam ihm im

Sommer des Jahres 1783 das unmoralische Angebot des Wiener Hofmechanikus Wolfgang von Kempelen zu einem Duell mit dem Türken im Café de la Régence vermutlich ganz recht.

Hochstapler wider Willen

Wolfgang von Kempelen war nicht freiwillig mit seinem »Baby« in Paris und hätte wahrscheinlich lieber in Wien an seinen anderen Erfindungen weitergebastelt, als mit dem Türken auf Europatour zu gehen, aber er musste. Er war Angestellter des Wiener Hofs und sein Chef Kaiser Joseph II. wollte es so. Mit der Tournee sollte er das Ansehen Österreich-Ungarns als fortschrittliches und technisch innovatives Reich im Ausland mehren. Bei einem »Nein« zur Tour wäre er bei Kaiser Joseph unten durch und sicher auch seine Stellung losgeworden. Hätte er damals bloß die Klappe gehalten.

Im heutigen Bratislava kam Kempelen 1734 auf die Welt und war ein Überflieger wie Philidor. Er studierte in Wien Jura und Philosophie, war selbstverständlich mehrsprachig (fünf lebende, eine tote) und machte nach seinem Studium erstmal einen ausgedehnten Trip nach Italien um Land, Leute und Kultur kennenzulernen. Nach der Rückkehr besorgte ihm sein Vater Engelbert einen Job am Wiener Hof. Papa Engelbert gehörte bereits zum kaiserlichen Hofbetrieb, die sichersten Arbeitsplätze gab es schon damals beim Staat, in diesem Fall bei der Kaiserin. Der vielfältig begabte Wolfgang legte gleich mal einen beruflichen Kavalierstart hin und übersetzte das Bürgerliche Gesetzbuch Ungarns aus dem Lateinischen ins Deutsche und das innerhalb weniger Tage in seiner Hütte. Laut anderen Quellen war er »nur« Mitglied einer Kommission, die mit der Übersetzung beauftragt wurde. Ob nun im Kollektiv oder als lonesome rider, sein Beitrag machte bei der Kaiserin Maria Theresia mächtig Eindruck. Eigentlich war Marias Mann Franz Stephan der gekrönte Kaiser, aber Maria hatte die Hosen an und lenkte das Land, während Franz Stephan den Finanzminister gab. Maria Theresia ernannte Wolfgang nach einem Zwischenschritt als Sekretär zum »Hofkammerrat«. Damit verdiente der junge Kempelen dreimal so viel wie der alte Kempelen.

Privat hatte Wolfgang weniger Glück, er heiratete eine Hofdame, die kurz nach der Vermählung starb. Gezwungenermaßen stürzte er sich in die Arbeit und konnte seinen vielen Hobbys nachgehen. Offensichtlich gab es kaum etwas Technisches und Handwerkliches, was ihn nicht interessiert hätte, er war ein genialischer Bastler, der sein Haus mit Werkzeugen, Büchern und Materialien vollstopfte. Der Kaiserin blieb nicht verborgen, was sie da für einen Crack am Hof hatte. Sie selbst war vielfältig interessiert, ein heller Kopf und ihr Angestellter Kempelen ein guter Redner, der komplizierteste Dinge anschaulich erklären konnte. Als im Jahr 1769 ein französischer Wissenschaftler oder Quacksalber – manchmal waren die Grenzen fließend – namens Jean Pelletier nach Wien kam, um vor der Kaiserin eine kleine Zaubershow zu geben, bat sie Kempelen dabei zu sein. Er sollte mitgucken und ihr alle Tricks erklären. Woraus die Show genau bestand ist nicht überliefert, vermutlich hantierte Pelletier mit Magneten herum, lies es knallen und dampfen. Auf jeden Fall müssen die Tricks des »Kollegen« Kempelen ziemlich auf den Zeiger gegangen sein. Sie waren eine Beleidigung seiner Intelligenz, denn als er von der Kaiserin um eine Einschätzung der Show gebeten wurde, ging mit ihm das Testosteron durch. Seine Antwort war eine Ankündigung: Er, der Hofkammerrat Wolfang von Kempelen, würde einen Automaten bauen, der die Kaiserin zehn Mal mehr beeindrucken würde als die lausige Show des Franzosen! Nach einem halben Jahr kehrte er mit einem lebensgroßen Automaten zurück, der Türke war geboren.

Ein früher David Copperfield

Offensichtlich war Kempelen nicht nur ein genialischer Erfinder, sondern auch ein begnadeter Inszenator, ein früher David Copperfield. Ob er auch bis ins hohe Alter ähnlich dichtes pechschwarzes Haar hatte, ist nicht bekannt, aber sein erster Auftritt mit dem Automaten hätte jedem Magier zur Ehre gereicht. Er rollte den Automaten vor das exklusive Publikum – auch die Kaiserin war anwesend – und verkündete: Sein Automat könne Schach spielen und es mit jedem der auserwählten Gäste aufnehmen! Danach öffnete er in einer bestimmten Reihenfolge alle Türen des Automaten und drehte ihn um 360°. Wer wollte, durfte sogar nähertreten und die Innereien ausgiebig begutachten. Die Zuschauer sahen auf der einen Seite des Automaten ein Räderwerk und daneben einen leeren Raum in dem ein Kissen und eine kleine Holzschatulle lagen. Nachdem die Zuschauer den Schachautomaten von allen Seiten begutachtet hatten, nahm Kempelen das Kissen und die kleine Schatulle an sich und schloss alle Türen. Aus einer unteren schmalen Schublade holte er schließlich die Schachfiguren, baute auf dem Tisch das Spiel auf und fragte, wer es mit seinem Automaten aufnehmen möchte. Angeblich war der Schöngeist und Staatsminister Johann Karl Philipp Graf Cobenzl der erste Gegner des Schachtürken. Wenn er es tatsächlich gewesen ist, muss die Vorführung am Hof mindestens ein Jahr früher, also 1769, stattgefunden haben, da der äußerst großzügige Cobenzl, dessen Schulden von Maria Theresia gleich zweimal beglichen wurden, schon Januar 1770 starb. Oder der erste Gegner war eine andere hochwichtige Person. Wer es auch immer war, er hatte keine Chance.

Wolfgang von Kempelen legte das Kissen unter den linken Arm der Figur, während der rechte Arm neben dem Schachbrett ruhte. Er holte einen Schlüssel hervor, öffnete an der Seite des Automaten eine kleine Luke und zog das Räderwerk auf. Der Türke hob den linken Arm und machte den ersten Zug und die Zuschauer hörten das Rattern des Räderwerks. Anschließend legte er den Arm wieder auf das Kissen und es wurde still. Schlug er eine gegnerische Figur, packte er sie zur Seite, spielte sein Gegner falsch, schüttelte der Türke seinen Kopf und korrigierte den Zug und »Schach« zeigte er an, in dem er dreimal nickte. Er nickte sehr schnell dreimal und machte mit seinem ersten Gegner kurzen Prozess. Während der Partie zog Kempelen ein, zwei Mal das Räderwerk wieder auf, stand ansonsten einige Meter vom Automaten entfernt und guckte ab und an geheimnisvoll in die kleine Schatulle. Das Publikum war baff. Aber Kempelen gab dem Affen weiter Zucker: Er ließ die orientalische Figur mit dem Schauzer und dem Turban noch mehrmals das Springerproblem lösen, auch Rösselsprung genannt. Auf einem leeren Schachbrett muss der Springer einen Weg finden, jedes Feld des Bretts zu besuchen und darf dabei auf jedem Feld nur einmal stehen. Die Zuschauer durften bei jeder neuen Runde sogar das Startfeld des Springers aussuchen und mit kleinen Steinen das Startfeld und die besuchten Felder markieren. War alles kein Problem, der Türke flitzte mit dem Springer über alle Felder und besuchte jedes nur einmal! Den Zuschauern ging die Kinnlade runter. Kempelen hatte seiner großspurigen Ankündigung Taten folgen lassen, das Ding war der Knaller!

Der Türke startet durch

Schnell war der Automat Stadtgespräch in Wien und kurze Zeit später in halb Europa. Zeitungen berichteten von der Vorführung und Maria Theresia war so begeistert, dass sie Kempelen um weitere Vorführungen vor internationalen Gästen an ihrem Hof bat. Und natürlich tauchten sofort Fragen auf. Wie funktionierte das Ding? Was war das Geheimnis des Automaten, den die Wiener rasch »Türke« getauft hatten? Man kannte bereits einfache Automaten, die stupide zwei, drei Dinge hintereinander tun konnten, mehr aber auch nicht. Aber der Türke konnte brillant Schach spielen, er reagierte auf seine Gegner und korrigierte sie sogar, wenn sie absichtlich falsch zogen um ihn zu testen. Er agierte und reagierte »menschlich«! Es wurde wild spekuliert. Stecke ein Zwerg in dem Kasten, der die Hand des Türken bewegte? Ein Kind oder ein dressierter Schimpanse? Kroch jemand – unbemerkt vom Auditorium – von hinten in den Türken hinein? Lenkte vielleicht Kempelen mit seiner kleinen Holzschatulle durch Magnetismus die Hand der Figur? Sie konnten das Geheimnis nicht lüften und Wolfgang von Kempelen schwieg eisern. Mit dem Schachtürken hatte er bei der Kaiserin einen Volltreffer gelandet. Sie erhöhte sein Gehalt und betraute ihn mit anderen Aufgaben, die ihn als Ingenieur und Erfinder forderten. Kempelen hatte endlich seinen Traumjob bei fürstlicher Bezahlung.

Viel Ruhm, viel Ehr, viel Neugier. Der Automat war ein größerer Erfolg als geplant, ein zu großer Erfolg für den Erfinder. Während Kempelen weiter in Ruhe an seinen Erfindungen, Konstruktionen und Entwürfen arbeiten wollte, rissen die Anfragen zum Schachautomaten nicht ab. Was ihm wohl immer unangenehmer wurde, da er sich selbst als Ingenieur und Wissenschaftler sah, nicht als Showman und Schausteller. Bei besonderen Anlässen gab er noch wenige Vorführungen, die meisten Anfragen lehnte er jedoch ab. Er hätte den Türken längst auseinandergebaut, Ersatzteile würden fehlen oder er sei beim Transport kaputtgegangen. Manche boten hohe Summen für den Türken, Kempelen verkaufte nicht. Irgendwann gelang es ihm, dass Interesse und die Neugier abzuwürgen, er mottete den Automaten ein und hatte endlich seine Ruhe, dachte er zumindest. Aber als seine Förderin und Chefin Maria Theresia im November 1780 starb und ihr Sohn Joseph II. die Regentschaft übernahm, musste Kempelen den Türken wider Willen reanimieren.

Super Idee von Fürst Paul

Der ungeliebte Sohn von Katharina der Großen, Fürst Paul, kam samt Entourage zu Besuch. Kaiser Joseph II. wollte den russischen Gast beeindrucken und befahl dem Hofmechanikus eine Vorstellung zu geben. Kempelen gehorchte zähneknirschend, baute den Automaten wieder zusammen und ließ ihn spielen. Fürst Paul war schwer von den Socken und kam auf eine brillante Idee: Warum ging Kempelen mit dem Türken nicht auf Europatournee? Super Idee, fand auch Kaiser Joseph II., es konnte kein besseres Marketing für das Habsburger Reich geben. Joseph stellte Kempelen für zwei Jahre bei ausbleibender Lohnfortzahlung frei. Kempelen hatte keine Wahl, wenn er seinen Status am Wiener Hof nicht ruinieren wollte, musste er mit seinem Schach spielenden, schnauzbärtigen Frankenstein auf Tour, nun wurde er doch Schausteller. Nach ein paar Monaten der Vorbereitung war Kempelen soweit und reiste 1783 mit seiner zweiten Frau, den beiden Kindern, einem Diener und natürlich dem Türken nach Paris. Zuerst gab er ein paar erfolgreiche Shows für den französischen Hof in Versailles und im Anschluss organisierte er in der Stadt der Liebe die ersten öffentlichen Vorführungen des Schachtürken überhaupt, vor »normalem«, nicht adeligem Publikum. Schließlich traute sich Kempelen mit dem Automaten auch in die Höhle des Löwen, ins Café de la Régence.

Obwohl der Türke einige Partien im Café verlor, wurden seine Auftritte auch in Paris zum großen Thema und natürlich hofften alle Schachbegeisterten auf ein Duell des Türken mit dem Meister aller Klassen, mit François-André Danican Philidor. Laut dem Bericht eines Sohnes von Philidor soll Kempelen vor dem Spiel um ein vertrauliches Gespräch gebeten haben. Die Aufführungen mit dem Türken seien momentan sein einziges Gehalt und ein Sieg gegen den besten Spieler der Welt würde dem Automaten eine Publicity bescheren, die ihm, Kempelen, eine Weile den Lebensunterhalt sichern würde. Ob Philidor sich vorstellen könne, das Duell gegen den Türken zu türken? Der gerade frisch von der Saisonarbeit in London zurückgekehrte Weltmeister konnte, denn Geldnot war ebenso sein ständiger Begleiter. Aber er stellte eine Bedingung: Der Automat müsse so gut spielen, dass eine Niederlage von ihm, Philidor, glaubwürdig rüberkomme. Das erste Duell Mensch gegen »Maschine«, Schachweltmeister gegen Schachautomat verlief einseitig, der Türke hatte keine Chance gegen Philidor, der seinen Gegner offenbar für zu schlecht hielt, um sich mit einer Niederlage in aller Öffentlichkeit zu blamieren. Trotz der krachenden Niederlage, immerhin gegen den besten Spieler seiner Zeit, konnte Wolfgang von Kempelen die Tour erfolgreich fortsetzen und die Versuche französischer Journalisten und Wissenschaftler das Geheimnis des Türken zu lüften, blieben erfolglos.

Nach der Tour ist vor der Tour

Seine kaiserlich verordnete Europatournee führte Kempelen weiter nach London, auch dort recht erfolgreich trotz kritischer Artikel in englischen Zeitungen, und schließlich nach Deutschland und Holland. Zwei Jahre später war der Hofmechanikus wieder zu Hause in Wien und nahm die alte Arbeit wieder auf. Nach der Rückkehr an den Hof erschienen in ganz Europa noch viele Artikel, Handschriften und sogar Bücher, die meinten, das Rätsel des Türken gelöst zu haben, aber Kempelen schwieg und verweigerte bis zu seinem Lebensende im März 1804 jede weitere Aufführung mit dem Schachautomaten. Wolfgang von Kempelen nahm das Geheimnis mit ins Grab, aber der Türke war immer noch nicht totzukriegen und feierte eine glänzende Wiederauferstehung durch Johann Nepomuk Mälzel. Der Sohn eines Regensburger Orgelbauers wurde 1772 geboren und war in vielerlei Hinsicht eine wildere Version von Kempelen, eine viel größere Rampensau, geschäftstüchtiger, umtriebiger und wesentlich verschwenderischer, aber ein genauso genialer Konstrukteur und Erfinder. Ein unsteter früher Steve Jobs, der gerne die Erfindungen anderer überarbeitete um sie danach als eigene Erfindungen zu deklarieren und genauso machte er es mit dem Schachautomaten.

Noch im Todesjahr von Kempelen kaufte er dessen Sohn den Türken ab, ersetzte einige morsche Teile und pimpte ihn mit einer Sprechmaschine auf, der Türke konnte jetzt auf Englisch und Französisch »Schach« sagen. Mälzel brachte den Schachautomaten wieder auf den Markt, aber dieser war nur eine Attraktion neben einigen anderen, seine Spezialität waren riesige Musikautomaten, der berühmteste war das »Panharmonicon«, eine wandschrankgroße Maschine, die durch Walzen, Federn und Blasebälge angetrieben die Musik eines kleinen Orchesters wiedergeben konnte. Zu seinen Erfindungen gehörte auch ein mechanischer Trompetenspieler, der verschiedene Stücke angeblich sehr klangecht zum Besten gab. Der Eventmanager Mälzel war breit aufgestellt und ihm verdankt der Türke seinen berühmtesten Auftritt, das Spiel gegen Napoleon Bonaparte im Jahr 1809. Während der Korse Europa umpflügte, wagten es die Österreicher aufzumucken und bekamen prompt einen auf den Deckel. Zunächst errangen die Österreicher einen Teilerfolg, konnten dann aber Napoleons Truppen nicht stoppen und verloren die Schlacht bei Wagram, im Osten Österreichs. Bonaparte kostete den Sieg in Schönbrunn aus, ließ sich unterhalten, feierte dort seinen Geburtstag und zu den Leuten, die beim Triumphator in der Endphase eine Sprechstunde erhielten, gehörte auch Mälzel.

Johann Nepomuk zeigte dem Kaiser ein paar Bein- und Fußprothesen, die er für Veteranen entwickelt hatte, was dem kriegswütigen Franzosen sicher gefallen haben dürfte, da er regelmäßig für zerschossene

Gliedmaßen sorgte. Schließlich erwähnte Mälzel den Schachautomaten, gab ihn natürlich als seine eigene Erfindung aus und lud den Kaiser zu einem Spiel gegen den Automaten ein. Napoleon spielte gegen den Türken, begann aber schon nach wenigen Zügen falsch zu spielen. Zunächst korrigierte der Türke Napoleons Zug, als der General erneut regelwidrig zog, nahm er die Figur und packte sie zur Seite. Wieder machte Bonaparte einen unerlaubten Zug und diesmal wischte der Türke alle Figuren zur Seite. Spielende. Vielleicht wollte Napoleon nur gucken, ob es der Automat wagte, ihm zu widersprechen oder er wollte auf keinen Fall eine Niederlage riskieren, das hätte seinem Nimbus als großem Strategen einen Kratzer verpasst. Seine strategische Brillanz bewies Napoleon drei Jahre später mit dem glorreichen Russlandfeldzug. Für Mälzel hatte sich der Auftritt des Türken gelohnt, denn etwas später verkaufte er den Automaten an den begeisterten Hobbyspieler Eugène, den Stiefsohn Napoleons. Als der Sohn von Joséphine das Geheimnis des Türken kannte, verlor er schnell das Interesse an dem teuer erworbenen Spielzeug.

Begabt und pleite

Ob es zum Berufsbild von außergewöhnlich begabten Menschen gehört, dauernd Geldnöte zu haben, ist bisher vermutlich nicht gut genug erforscht worden, aber Mälzel war wie Philidor ein begnadeter Pleitier. Er hatte schon vor der Audienz bei Napoleon sein Panharmonicon für viel Geld verkauft, danach an

Eugène den Schachtürken, ebenfalls für eine stattliche Summe. Umgehend hatte er aber alles wieder mit vollen Händen verprasst, angeblich für Wein, Weib und Gesang. Vielleicht tatsächlich für Wein, Mann und Gesang, denn er sollte nie heiraten und/oder Kinder zeugen. Mälzel baute einen neues, noch größeres Panharmonicon und nebenbei bastelte er einige Hörrohre für den zunehmend schwerhörigeren Freund Ludwig van Beethoven. Der unruhige Geist erschuf auch ein großes Diorama mit dem Titel »Der Brand von Moskau«, einen Vorvorläufer des Kinos, in dem vor einem gemalten Bild plastisch Szenen dargestellt wurden. Sein bis heute gültiges Vermächtnis ist aber das Metronom.

Er selbst hatte einen etwas umständlichen musikalischen Taktgeber gebaut, aber bei einem Trip nach Amsterdam in der Werkstatt des Landsmannes und Erfinderkollegen Dietrich Nikolaus Winkel ein viel geeigneteres Modell mit Pendel und Gewicht entdeckt, an dem Winkel gerade arbeitete. Sofort witterte Mälzel das große Geschäft, aber Kollege Winkel wollte nicht verkaufen, Mälzel reiste weiter nach Paris, baute Winkels Taktgeber mit kleineren Modifizierungen nach, erweiterte es um eine Skala und meldete »seine« Erfindung unter dem Namen »Mälzels Metronom«, MM, als Patent an. Natürlich gab es Theater mit dem zurecht empörten Winkel, genauso wie er auch mit Beethoven in Streit geriet. Wegen der Hörhilfen hatte ihm Beethoven aus Dankbarkeit ein Stück mit dem Titel »Wellingtons Sieg oder Die Schlacht bei Vittoria« für sein Panharmonicon komponiert, von dem Mälzel frech behauptete, er habe es komponiert, Ludwig Van hätte nur mit ein paar Noten assistiert. Später versöhnten sich der große Komponist und der genialische Hasardeur wieder und Beethoven machte sogar Werbung für Mälzels Metronom. Vor dem gebürtigen Bonner hatten die Komponisten als Tempoangaben die bis dahin gängigen meist italienischen Vortragsbezeichnungen wie *allegro, moderato, andante* (rasch, mäßig, gehend) benutzt, die den Interpreten einen großen Interpretationsspielraum ließen. Nun konnte Beethoven durch die Angabe der genauen MM-Zahl in den Noten ein konkret festgelegtes Tempo seiner Musik vorgeben.

Der »Erfinder« des Metronoms gerät aus dem Takt

Mälzels Metronom entwickelte sich zum Bestseller, er ließ es in London und Paris produzieren und exportierte sein Patent auch in großer Stückzahl nach Nordamerika. Rastlos und schnell gelangweilt wandte sich Mälzel anderen Projekten zu und leaste den Türken von Eugène. Eigentlich hätte Eugène den Automaten gern für die alte Kaufsumme von 30.000 Francs an den Verkäufer zurückgegeben, aber Finanz-Crack Mälzel kriegte die Summe nicht mal annähernd zusammen. Mit dem mechanischen Trompetenspieler und dem gemieteten Türken ging Mälzel wie sein Vorgänger Kempelen auf Tournee, die erste Station war Paris und die zweite London, wo er einen Raum mietete und wegen des großen Andrangs sogar täglich Vorstellungen gegen Eintritt gab. Zwischendurch legte er noch einige

Termine im Norden Englands und in Schottland ein, zog danach in einen größeren Raum in der englischen Hauptstadt, um seine ganze Showpalette inklusive neuem Panharmonicon, Trompeter und Türken zu zeigen. Obwohl die Shows prächtig liefen, gab Borderliner Mälzel natürlich keine Ruhe. Er kam auf die clevere Idee einen Abstecher nach Amsterdam zu machen, wo ihn der wütende Dietrich Nikolaus Winkel sofort wegen Diebstahls verklagte, bevor Mälzel jedoch belangt werden konnte, machte er die Fliege nach London. Dort hatte er trotz der sprudelnden Einnahmen bereits Schulden angehäuft und als er sich wieder einmal in Paris blicken ließ, hatte er Stress mit Eugène, weil er die Leasingraten natürlich nicht bezahlt hatte. Johann Nepomuk Mälzel hatte ganze Arbeit geleistet und egal wo er hintrat, es war ein Wespennest. Also packte er seine Automaten zusammen und haute ab, nach Amerika.

In der neuen Welt blieb Mälzel sich treu, er begann furios und endete im Bankrott. Der Schachautomat erregte auch in den USA großes Aufsehen und viele versuchten sich an der Entschlüsselung und jeder Bericht war eine willkommene Werbung. Mälzel gab Vorstellungen in New York, Boston und Philadelphia und weiteren Städten, expandierte und übernahm sich beim Bau eines neuen Dioramas, das selbstverständlich viel größer, aufwendiger und beeindruckender als das alte sein sollte. Im Havanna des Jahres 1838 fand die Odyssee des Johann Nepomuk Mälzel ein trauriges Ende, als die dort geplanten Aufführungen floppten und sein Assistent Wilhelm Schlumberger an Geldfieber starb. Vermutlich war Schlumberger mehr als nur der treue Begleiter und Gehilfe, denn sein Tod scheint Mälzel seelisch gebrochen zu haben. Mitte sechzig und hochverschuldet musste sich Mälzel das Geld für die Rückfahrt auf das amerikanische Festland leihen. Auf dem Schiff schloss er sich für fast eine Woche in seiner Kajüte ein, trank durchgehend und starb kurz vor dem Zielhafen Charleston. Er wurde noch auf hoher See bestattet. Mälzels letzter Gläubiger John Ohl, ein Reeder aus Philadelphia, ließ den Nachlass versteigern. Während die Musikautomaten Interessenten fanden, wollte den Schachtürken keiner mehr haben. Zwei Jahre später verkaufte Ohl den Türken an den stadtbekannten Arzt und Schach-Aficionado John Mitchell in Philadelphia, der extra einen Verein gegründet hatte, um die Kaufsumme aufzubringen.

Der Türke gerät aus der Mode

John Mitchell brauchte mehrere Monate, um den in mehreren Kisten gelieferten Türken wieder zusammenzubauen und zu verstehen, wie der funktionierte. Als er soweit war, gab er Vorführungen für Vereinsmitglieder und seine Familie und im Anschluss jeder Darbietung erklärte er den Zuschauern gleich die Funktionsweise. Entsprechend schnell starb das Interesse an dem Türken und Mitchell vermachte ihn dem Peale's Museum an der Sansom Street in Philadelphia. Dort gab John Mitchell noch einige wenige Vorstellungen für Schüler, aber die Vorführungen waren nur noch ein schwacher Abglanz der Sensation, die der Türke über Jahrzehnte gewesen war. Schließlich war der Automat nicht einmal mehr als Ausstellungsstück interessant und landete in einer Abstellkammer des Museums. Der Türke moderte vor sich hin, bis an einem Sommertag des Jahres 1854 im nur wenige Meter vom Museum entfernten National Theater ein Feuer ausbrach und den gesamten Straßenblock zerstörte.

Was war nun wirklich das Geheimnis des Schachautomaten? Steckte in dem Türken ein Dschinn? Ein Magier aus dem dunkelen Orient, den Kempelen ins helle Abendland gelockt hatte? Zwei berühmte Köpfe ihrer Zeit hatten mehrere Shows von Mälzel in London besucht. Der englische Mathematiker Charles Babbage und der Ingenieur Robert Willis. Beide waren sicher, dass im Türken nur ein echter Mensch stecken konnte und lagen damit richtig. Die genaueste Erklärung über die Funktionsweise lieferte Edgar Allan Poe in seinem Essay »Maelzel's Chess Player«. Poe hatte 1835 in Richmond eine Show des Türken besucht. In dem großen Kasten steckte tatsächlich ein erwachsener Mensch, kein Kind, Zwerg oder Affe. Die Hand des Türken führte der echte Spieler aus dem Inneren, der »denkende« Automat war eine Illusion, aber eine geniale, denn die Konstruktion des Automaten und die Art der Darbietung waren brillant.

Gelüftetes Geheimnis

Der Spieler saß auf einem rollbaren Sitz unter dem Schachbrett und war umgeben von klappbaren Wänden. Durch Hin- und Herrollen des Sitzes, durch Hinlegen oder Anziehen der Beine konnte der Spieler genau den Teil des Automaten freigeben, den das Publikum gerade begutachten sollte. Natürlich war die Reihenfolge, in der Kempelen oder Mälzel die Türen zu Anfang der Vorstellungen öffneten, um die Leute von der »Echtheit« des Maschinenraums zu überzeugen, vorher festgelegt. Wenn der Präsentator dann alle Türen wieder schloss, nahm der Spieler im Inneren seine Spielposition ein, legte sich ein kleines Schachbrett in den Schoß und lenkte mit einer Art Minicockpit den Türken. An den Figuren auf dem großen Schachbrett waren Magneten befestigt und unter jedem Feld Metallscheiben. Wenn der menschliche Gegner des Türken eine Figur hob, rutschte die Metallscheibe langsam einen Stab hinunter. Setzte der Gegner die Figur dann auf das Zielfeld, wurde die dortige Scheibe von dem Magneten an der Figur nach oben gezogen. So konnte der Spieler im Inneren den Zug des Gegners auf seinem kleinen Schachbrett nachvollziehen. Er selbst setzte, in dem er mit einem mechanisch verlängerten Arm, einem Pantographen, die Hand des Türken bewegte. Der Pantograph übertrug die kleine Bewegung des heimlichen Spielers exakt auf die Hand des Türken, nur in größerem Maßstab.

Für Licht sorgte eine kleine Kerze, deren Rauch durch ein Rohr, dass bis zum Turban ging, abgeleitet wurde und schmale Schlitze am oberen Kastenrand sorgten für die notwendige Luft. Das ratternde Räderwerk links, das etwa ein Drittel der Fläche im Kasten einnahm, diente zur akustischen Ablenkung, wenn der Spieler im stickigen Inneren husten oder niesen musste. Und natürlich war das Räderwerk auch der Beweis für die komplizierte Mechanik des denkenden Automaten. Für die Kommunikation zwischen Spieler und Präsentator hatte Kempelen ebenfalls gesorgt. An einer Seitenwand war eine Art Uhr montiert, die Ziffern von 1 bis 9 anzeigte und deren Zeiger auch vom Spieler bewegt werden konnte. Wenn man jeder Zahl eine bestimmte Botschaft zuordnete, wie zum Beispiel 2 = »Die Luft geht aus, ich muss raus« oder 5 = »Mach weniger Krach«, konnten Präsentator von außen und Spieler von innen sich durch das Drehen des Zeigers auf die jeweilige Zahl miteinander verständigen.

Über sieben Jahrzehnte gelang es Kempelen und Mälzel außergewöhnlich gute Spieler zu finden, die bis auf einen einzigen das Geheimnis für sich behielten. Bei Kempelen weiß man bis heute nicht, wer der oder die Spieler waren, bei Mälzel hingegen sind einige bekannt. Die meisten Partien in den USA bestritt Wilhelm Schlumberger, den Mälzel im Café de la Régence kennengelernt hatte. In der ersten Phase der Liaison Mälzels mit dem Automaten saß wohl ein Schachmeister aus Wien im Automaten. Bis zum Eintreffen Wilhelm Schlumbergers bestritt eine Seiltänzerin die ersten Partien in Amerika! Sie hatte keine Ahnung vom Schach, aber Mälzel trainierte sie, gab ihr ein kleines Schachbuch mit Anleitungen in die Hand und ließ die Gegner des Türken nur Endspiele bestreiten. Er legte vorher die Endspiele fest und bestimmte auch, wer den ersten Zug machen durfte, die Seiltänzerin hatte alle Endspiele im Kopf und setzte ihre Gegner meistens Schachmatt.

Fluch und Vorurteil

Vor allem für Wolfgang von Kempelen wurde seine Erfindung zum Fluch, da er Zeit seines Lebens gegen den Schatten ankämpfte, den der Türke auf sein übriges Schaffen warf. Er baute eine Sprechmaschine, die angeblich sogar kurze Sätze in verschiedenen Sprachen von sich geben konnte. Für eine blinde Sängerin konstruierte er eine Urform der Blindenschreibmaschine, auch Brücken, Dampfmaschinen und Wasserpumpen gehörten zu seinen beeindruckenden Arbeiten. Obwohl er das Gegenteil eines Hochstaplers war, blieb sein Name auch posthum vor allem mit dem Türken verbunden. Mit einer Fälschung, allerdings einer brillanten. Vielleicht war der lange Schatten auch die gerechte Strafe für den Hofmechanikus, denn er benutzte eine orientalische Maske für seinen Fake und bestätigte damit das Bild des listigen, irgendwie unheimlichen, hinterhältigen und primitiven Orientalen, dem jeder Hokuspokus zuzutrauen ist. Für die Etymologie des Verbs »türken« gibt es verschiedene Erklärungen und die Geschichte des Schachautomaten ist eine davon. Wer türkt, der fälscht, trickst und täuscht.

Der phänomenale Erfolg des Schachautomaten lässt sich ebenfalls aus seiner Zeit heraus erklären. Europa stand an der Schwelle zur Industrialisierung und in der «Lebenszeit» des Türken jagte eine bahnbrechende Erfindung die nächste. Seit längerer Zeit schon versuchten sich Erfinder an Automaten, die menschen- oder tierähnliche Dinge tun konnten.

Einer der bekanntesten war Jacques de Vaucanson, der Franzose baute einen mechanischen Flötenspieler, der ein Dutzend Stücke im Repertoire hatte, und eine mechanische Ente mit komplettem Verdauungsapparat. Die Ente konnte Futter aufpicken, schlucken und hinten das Verdaute ausscheiden. Vermutlich war Vaucanson einer der Vorbilder von Kempelen. Landsleute von Vaucanson, die Brüder Jacques Étienne und Joseph Michel Montgolfier ließen 1783 den ersten Heißluftballon in die Luft steigen, danach einen mit drei Tieren in der Gondel und da die Tiere die Fahrt überlebt hatten, einen bemannten. Charles Babbage, der gegen den Türken spielte und verlor, baute die erste mechanische Rechenmaschine. Edmond Cartwright, ein Pfarrer aus Nottingham, Hobbybastler und ebenfalls Besucher einer Vorstellung, ließ 1785 die erste mechanische Webmaschine patentieren. Der schottische Erfinder James Watt, dessen Name zur internationalen Maßeinheit für Leistung wurde, entwickelte die Dampfmaschine entscheidend weiter. Alles schien möglich, warum sollte ein Automat nicht auch Schach spielen können? Oder um es mit dem großen Karl Valentin zu sagen: »Die Zukunft war früher besser« – und der Türke war ein Vorbote.

Das Spiel, das sehr wahrscheinlich die Inder erfanden, die Perser verfeinerten, die Araber adaptierten, zu ersten Höhen trieben und nach Europa brachten und der Türke meisterhaft beherrschte, wurde zu einem Gradmesser für Intelligenz. Wolfgang von Kempelen hatte mit dem Schachautomaten einen vermeintlichen Urahn der Künstlichen Intelligenz erfunden.

Während seiner ganzen Karriere löste der Automat immer wieder heftige Diskussionen um die Frage aus, ob Maschinen dem Menschen im Denken und Handeln ebenbürtig, wenn nicht eines Tages sogar überlegen sein könnten. Diese Debatte ist heute aktueller denn je.

BESUCH
BEI DEN ELTERN

Hamburg hatte keine Farben. Zwar gab es viel mehr Bäume als in meiner Heimat, aber der Rest der Stadt bestand aus verschiedenen Grautönen. Das war mein Eindruck, als ein Onkel meine zwei Jahre ältere Schwester Nurten und mich an einem Sommertag 1979 aus dem Flugzeug führte. Unsere Urlaubseltern empfingen uns in der Ankunftshalle, küssten uns auf die Wange und brachten uns in ihre Wohnung. Unsere Freude hielt sich in Grenzen, schließlich würden wir wieder ein paar Wochen mit ihnen verbringen und danach wieder zu unserem Opa an die Schwarzmeerküste fliegen. Wir kannten Mutter und Vater nur aus ihrem jährlichen Heimaturlaub. Und dieses Mal waren wir wohl mit dem Gegenbesuch dran. Wir hatten nicht die leiseste Ahnung, wie lange unser Gegenbesuch dauern sollte.

Wie zwei kleine Außerirdische liefen wir durch die Stadt. Alles war fremd und irritierte uns. Die Straßen waren voller Beton und Asphalt, es gab hunderte Verkehrsampeln, an denen sogar Autos hielten, und bis auf den Autolärm hörte man so gut wie nichts von dem, was uns von Carsamba, der Kleinstadt in der wir seit einem Jahr lebten, vertraut war. Kindergeschrei, röhrende Lastwagen, krähende Hähne, palavernde Männer und aus Wohnungen scheppernde Musik. Die Deutschen waren ziemlich schweigsam, kaum einer redete auf der Straße, und selbst wenn wir etwas hörten, verstanden wir natürlich kein Wort. Nach ein paar Tagen begannen wir uns zu langweilen, weil wir die meiste Zeit in der Zweizimmerwohnung hockten und warteten. Am späten Nachmittag kamen die Eltern heim. Mama ging in die Küche und kochte. Danach erledigte sie den Haushalt. Papa legte sich aufs Sofa und las Zeitung. Viel sprachen die beiden nicht, stattdessen beobachteten sie uns und wir sie. Wäre unser heißgeliebter Opa durch die Tür gekommen, hätten wir ihn stundenlang schwatzend belagert.

Neben Tante Gülten war er unser, vor allem aber Nurtens ein und alles. Sie waren unsere eigentlichen Eltern, denn die leiblichen waren 1972 zum Geldverdienen nach Deutschland gegangen, weil ihnen in der Heimat, wie etlichen anderen ihrer Generation, nur eine Zukunft auf den Haselnuss- und Tabakfeldern blühte, deren Erträge gerade zum Überleben reichten. Natürlich wollten sie nur für ein paar Jahre in die Fremde, um mit dem Verdienten ein vernünftiges Leben in der Heimat aufzubauen. Warum sollten sie die kleinen Kinder aus der gewohnten Umgebung reißen? Aber die Geschwister mussten versorgt, verheiratet werden, Schulden zurückbezahlt, und eine eigene Wohnung sollte es mindestens noch sein. Aus den wenigen Jahren wurden vier, fünf und sechs. Wir wuchsen währenddessen bei Opa und Tante Gülten auf und sahen sie jeden Sommer für einen Monat, den sie hauptsächlich für Verwandtenbesuche nutzten. Danach fuhren sie wieder nach Hamburg. So wurden sie unsere Urlaubseltern.

Nach ein paar Wochen hatten wir genug von unseren Urlaubseltern und Hamburg, wir wurden unruhig, wollten endlich zurück. Nurten bekam Briefe von ihren Freundinnen. Sie fragten, wann Nurten denn zurückkäme, schließlich würde ja die Schule bald wieder starten. Dazu vermissten wir Opa und Tante Gülten sehr. Wir fragten nach, bekamen aber keine richtige Antwort. Ein paar Tage später, als Nurten und ich einen weiteren langweiligen Vormittag totschlugen, klingelte das Telefon. Nurten ging ran, es war Papa. Sie sprach ein paar Brocken mit ihm, legte auf. Und begann zu weinen.

»Wir müssen hier bleiben, sagt er, wir dürfen nicht zurück«.

An die unmittelbare Zeit danach habe ich kaum eine Erinnerung, ich weiß nur noch, wie Nurten manchmal mit einem gepackten Koffer weinend vor der Wohnungstür auf Papa wartete. Als er endlich in der Tür stand, flehte sie ihn an:

»Gib mir meinen Pass bitte, ich will zu meinem Opa. Bitte, gib mir meinen Pass zurück, Opa wartet doch auf mich.«

Opa wartete vergeblich. Die Sommerferien gingen zu Ende, wir wurden in Hamburg eingeschult. Nurten kam in eine bilinguale Auffangklasse und verlor zwei Schuljahre. Ich wurde in die dritte Klasse einer Grundschule mit fast nur deutschen Kindern gesteckt und verlor ein Jahr. Bis dahin hatten Nurten und ich eine gesunde »Hund- und Katze«-Beziehung in Carsamba gehabt. Wir kabbelten uns oft, sie fand mich und meine Freunde peinlich und kindisch, weil wir mit Pistolen und Fußbällen spielten. Ich fand sie mit ihren altklugen Freundinnen schrecklich, aber wir hielten zusammen und versuchten beide, unserer jungen Tante Gülten das Leben nicht allzu schwer zu machen. Mit der Einschulung begann der nächste Abschnitt unserer unfreiwilligen Reise. Wir verloren nicht nur unsere Heimat, sondern auch die Verbindung zueinander. Jeder war nun auf sich allein gestellt und musste schauen, wie er mit der neuen Situation zurechtkam. Einander helfen konnten wir sowieso nicht.

Nurten konnte die Entscheidung unserer Eltern nicht akzeptieren. Sie ging zwar täglich in die Schule, unterhielt sich mit anderen Klassenkameraden aus der Türkei, weigerte sich aber Deutsch zu lernen und sprach unseren Vater niemals mit »Papa« oder »Vater« an, sie sprach ihn gar nicht an. Es dauerte Jahre, bis sie diese innere Weigerung aufgeben konnte. Ich saß in meiner deutschen Klasse und verstand anfangs nicht mal Bahnhof. Die einzige sprachliche Unterstützung waren zwei Förderstunden Deutsch in der Woche. Im Schneckentempo, aber dafür umso gründlicher, löste sich mein Sprachnebel. Meine ersten deutschen Worte neben »Guten Morgen« und »Tschüss« waren »bok« und »am«. Auf türkisch bedeutet »bok« schlicht »Scheiße«. Jedes mal, wenn ein anderer Schüler etwas wie »Ich habe aber kein Bock!« sagte, fragte ich mich, warum er denn wohl keine Scheiße hatte und das der Lehrerin auch noch mitteilen musste. Noch irritierender verhielt es sich mit dem Wort »am«. Es ist im türkischen ein vulgärer Ausdruck für Vagina. Wenn unsere Lehrerin »Am Donnerstag kommt dann Lektion elf dran« sagte, bekam ich Rötungen im Gesicht und wusste beim besten Willen nicht, warum wir das Thema »Muschi« so ausführlich behandelten.

Obwohl schon länger als ein Jahrzehnt an deutschen Fabrikbändern, hatten türkische Gastarbeiter damals den gleichen Status und genossen dasselbe Ansehen wie »Buschneger«, womit der Volksmund gemeinhin wilde, um ein offenes Feuer tanzende Afrikaner meinte. Entsprechend zivilisiert ging es auf dem Schulhof zu, weil die Kinder den Erwachsenen selbstverständlich alles nachplapperten. Jeden Nachmittag kam ich mit einer frischen Schimpfwörterladung nach Hause und legte los.

»Mama, was ist ein Kameltreiber? Was macht ein Wichser, Papa? Warum bin ich ein Scheiß-Türke?«

Die Auskunftsfreude meiner Eltern hielt sich in Grenzen. In meinem ersten Halbjahreszeugnis stand bis auf Sport neben sämtlichen Fächern als Note »teilgenommen«. Ansonsten schlug ich mich wacker durchs erste Schuljahr und freundete mich mit Klassenkamerad Dirk an. Wir spielten gerne Fußball in den Pausen und trafen uns sogar zum Spielen nach der Schule. Irgendwann nahm er mich mit nach Hause, es war nach über einem Jahr Hamburg meine erste Visite in einem deutschen Haushalt. Vom Besuch ist in der Erinnerung nur ein Dialog übriggeblieben. Dirk nahm sich einen Apfel aus der Schale im Wohnzimmer, biss hinein und rief in die Küche:»Mama, darf ich Kerim auch einen Apfel geben?«»Wenn genug da sind, ja«, war die prompte Antwort von Dirks Mama. Beschämt schaute ich zu Boden und wusste nicht, was ich machen sollte. In Dirks Welt war es eine völlig normale, alltägliche Frage und die Antwort ebenso, in meiner nicht. Selbst in der schäbigsten Hütte Anatoliens hätte dieser Dialog niemals stattgefunden. Weil auch der ärmste Schlucker seinem Gast unbedingt etwas anbieten würde und gekränkt wäre, wenn es der Gast nicht annähme. Kein türkisches Kind hätte seine Mutter so etwas gefragt, sondern den Apfel immer zuerst dem Freund gegeben. Es waren genug Äpfel da, ich weiß nicht mehr, ob ich den Apfel gegessen habe, oder nicht.

Nurten kam mit deutschen Kindern später in Kontakt. Nach einigen Monaten bemerkte ihr Klassenlehrer Herr Löwe, wie sie sich im Unterricht langweilte. Die anderen Kinder kamen mit der neuen Sprache viel langsamer als sie zurecht. Er fragte sie, ob sie in eine deutsche Klasse wechseln möchte, was Nurten vehement ablehnte. Sie hatte sich endlich mit der neuen

Situation arrangiert und mit anderen türkischen Mädchen angefreundet und wollte nicht schon wieder eine neue, fremde Umgebung. Zu ihrem ungewollten Glück besprach sich Herr Löwe mit Frau Gewers, einer Kollegin, die eine reguläre Hauptschulklasse unterrichtete und Nurten von Vertretungsstunden kannte. Frau Gewers begann nebenbei, aber regelmäßig in Löwes Klasse vorbeizuschauen. Irgendwann ging sie mitten im Unterricht zu Nurten. Sie müsse einen Schrank umräumen und ein paar Bücher sortieren, ob sie ihr nicht helfen könne. Nurten nickte. Frau Gewers nahm sie fest an die Hand, lief mit ihr über den Hof in ein anderes Gebäude und setzte sie in ihre eigene Klasse.

»Das ist deine neue Klasse, Nurten, du bleibst jetzt bei mir.«

Belämmert und überrumpelt blieb sie sitzen. Später fragte sie Herrn Löwe empört, wie er ihr das antun konnte. Herr Löwe sagte die Wahrheit:

»Anders hätten wir dich nicht umgestimmt, Nurten. Bei mir bist du unterfordert, wir glauben, dass du die Hauptschule schaffen kannst. Bei mir würdest du nur Zeit verlieren. Du schaffst das.«

Nurten schaffte die Hauptschule und besuchte anschließend eine zweijährige Gesundheitsschule, begann und beendete erfolgreich eine Ausbildung zur Krankenschwester, wurde übernommen und holte am Abendgymnasium ihr Abitur nach. Sie studierte

Medizin und wurde Frauenärztin. Hätte sie in den ersten, harten Jahren in Hamburg mehr Selbstvertrauen gehabt oder einen kompetenten Menschen, der sie anleitet, wäre ihre Odyssee durch das deutsche Bildungswesen wesentlich kürzer ausgefallen.

Minimalistischer veranlagt als meine fleißige Schwester sprang ich als guter anatolischer Esel nur so hoch, wie ich musste und hatte zu meinem Glück sechs Jahre lang einen Klassenlehrer, der nicht nur, ohne je mit mir darüber zu sprechen, um meine Situation wusste, sondern mich auch immer nach Bedarf triezte oder unterstützte. Ich machte einen guten Realschulabschluss, nicht weil ich unter plötzlicher Strebsamkeit litt, sondern nur, um ihn nicht zu enttäuschen. Was ich auch heute nicht für die schlechteste Motivation halte. Ich besuchte ein Aufbaugymnasium, machte ein passables Abitur und begann sinnloserweise Informatik zu studieren. Brach nach zwei Jahren erfolgreich ab, studierte drei Semester lang querbeet vom Lehramt bis zur Geschichte und landete schließlich bei Germanistik und Turkologie. Diese beiden Fächer studierte ich tatsächlich vernünftig, sattelte aber kurz vor der Magisterarbeit um, weil ich da schon mein Herzblut für die Bühne und das Schreiben entdeckt hatte.

Etwa ein Jahrzehnt brauchten Nurten und ich, um uns zurechtzufinden, um in diesem Land wirklich »anzukommen«. Endlich fanden wir auch wieder zueinander, begannen uns auszutauschen, wurden gute Weggefährten. Und stellten fest, wie sehr sich unsere

Erfahrungen und Irritationen mit Deutschen, ihrer Kultur und ihrem Verhalten ähnelten. Jedes Kind feierte hier seinen Geburtstag mit Luftballons und Freunden, wir hatten auch Geburtstage, nur waren viele davon falsch eingetragen und vor allem interessierten sie niemanden. Man feierte das Ramadanfest, die Hochzeit oder Beschneidung, aber bestimmt nicht, wann ein Einzelner auf die Welt kam. Wofür war das wichtig? Wir lernten »meins« und »deins« kennen, erfuhren, was die »Privatsphäre« ist. Bis dahin kannten wir nur »unser« und hätten jeden, der etwas nur für sich haben möchte als Egoisten gescholten. Auch wäre es uns niemals eingefallen die Eltern mit Vornamen anzusprechen oder mit ihnen unsere pubertären Probleme zu erörtern.

Jesus kannten wir natürlich als Propheten, verstanden aber nicht, warum er für die Sünden seiner Anhänger büßen und sterben musste. Noch mehr irritierte uns seine Dreifaltigkeit. Wie konnte er zugleich Vater, Sohn und Heiliger Geist sein? Unser Prophet war ein Mensch, wir beteten, wie er selbst, Allah an, nicht ihn und mussten für unsere Sünden selber zahlen. Deutsche Kinder bekamen viele Weihnachtsgeschenke und selbstverständlich beneideten wir sie dafür. Hätten wir damals schon gewusst, dass der Weihnachtsmann ursprünglich ein alter Anatole war, hätten wir unsere Eltern sicherlich leichter zur Adaption des Weihnachtsfestes nötigen können. Wir aßen immer warm, sie nur zu Mittag. Bei uns waren Berührungen unter Freunden und Verwandten völlig normal, sie gaben sich höchstens die Hand. Wir zogen immer vor der Tür die Schuhe aus, sie liefen mit Schuhen durch die Wohnung.

Wie sehr uns dennoch das neue Leben schon geprägt hatte, bemerkten wir bei Besuchen des alten während der Sommerferien. Die Straßen unserer Heimatstadt kamen uns staubig, brüchig vor, alle Gegenstände schienen aus Plastik und minderwertig zu sein, die Autos waren kleiner und lauter, die Geräte älter. Andauernd fiel der Strom aus oder gab es kein Wasser und sobald es etwas heftiger regnete, schwamm die ganze Kleinstadt. Nur die Zuneigung und Liebe zu unserem Großvater, unseren Verwandten blieb gleich. Mit jedem Besuch wurde uns schmerzlicher bewusst, nicht mehr Teil unserer heimatlichen Welt zu sein und mit jeder Rückkehr nach Hamburg, dass wir noch lange nicht dazugehörten. Für die Deutschen waren wir Ausländer, für die Türken »Almanci«, die Deutschländer. Unsere Reise hatte uns nicht nur in die Moderne katapultiert, sondern auch ins seelische Niemandsland geführt, in eine Zwischenwelt, die wir mit Außenstehenden nicht teilen konnten.

Mit der Zeit haben Nurten und ich gelernt mit diesem Zwiespalt besser umzugehen, wir haben die Außensicht auf beide Kulturen, beide Länder schätzen gelernt. Sie hilft uns Dinge klarer zu sehen, scheinbar große Sorgen und Probleme zu relativieren. Aus dieser Sicht haben wir schließlich unsere eigene deutschtürkische Identität kreiert, weil wir nach bald 40 Jahren Hamburg beides sind, türkisch und deutsch. Unsere

Wurzeln sind an der türkischen Schwarzmeerküste, aber unser Leben und die Zukunft unserer Kinder liegt hier. Ihre Geburt markierte das Ende unserer Reise.

STINKENDE ROSE

Welches Liliengewächs wird König der Gewürze genannt und verfügt über Superkräfte? Wirkt antiviral, sorgt für einen gesunden Darmapparat, senkt Blutdruck und Cholesterin, hat ein eigenes Festival, verlängert nachweislich das Leben und sorgte für den ersten Arbeiterstreik der Menschheitsgeschichte? Allium sativum, oder wie der Lateiner sagt: Knoblauch!

Dazu verjagt der Knoblauch nicht nur Vampire, Immobilienmakler, Hedgefonds-Manager und andere Blutsauger, sondern wirkt sogar – jetzt wird es wirklich beeindruckend – »potenziell gefäßschützend«, wie die Apotheken Umschau feststellt. Und wer kann schon der Rentner-Bravo widersprechen? Darum einfach mal eine frische Knoblauchzehe einwerfen, und diese lutschend der Apotheke Ihres Vertrauens einen Besuch abstatten. Wenn dann der Weißkittel oder die Weißkittelin hinterm Tresen angesäuert einen Schritt zurücktritt, wissen Sie, was zu sagen ist: »Also bitte! Ich möchte nur meine Gefäße schützen.« Um im Duktus von Teleshopping-Verkäufern fortzufahren: Das ist aber lange noch nicht alles, der Knoblauch kann noch viel, viel mehr! Er kann so viel, dass Marvel Comics seiner Liga der Superhelden unbedingt den »Garlic Man« hinzufügen müsste.

Jeder Superheld hat natürlich einen Geburtsmythos, zum Beispiel Spider-Man: Vorher ein Waisenkind, ein mickriger kleiner Außenseiter, der bei Tante May und Onkel Ben aufwächst, dann von einer radioaktiv verseuchten Spinne gebissen wird und dadurch seine Super-Spinnenkräfte erlangt. Hier der magisch-realistische Geburtsmythos von Garlic-Man: Die Schweizer Calvinistin Regula Flütsch aus dem Kanton Appenzell Innerrhoden verliebt sich bei einer Armenspeisung in den erfolglosen Drogendealer Fadri Buchli aus dem Kanton Appenzell Ausserrhoden. Fadri findet durch Regula den Weg zu Gott, die beiden heiraten und ziehen als Missionarspärchen nach Kasachstan. Als Regula nach neun Jahren Ehe das neunte Kind zur Welt bringt, wird es Fadri zu viel und er setzt kurzerhand den männlichen Säugling in einem Knoblauchfeld aus. Der Plantagenarbeiter Muratbek Hakimov entdeckt das Baby während der Frühschicht, nimmt es auf und füttert es täglich mit Knoblauchmilch, später mit Knoblauchsaft und schließlich mit Knoblauchpaste, da er sehr wenig Geld, aber sehr viel Knoblauch besitzt. Muratbek gibt ihm den Namen Ulı Sarımsaq (»Großer Knoblauch«). Der Kleine wächst und gedeiht, bekommt eine rosige und feste Haut und wird nie krank. Weil er aber aus allen Poren nach Knoblauch riecht, findet er wenig Freunde. Als Muratbek an Prostatakrebs erkrankt und sich keine Therapie leisten kann, legt der kleine Ulı aus Verzweiflung seine

Hand auf Muratbeks Bauch und – *Magic!* – Muratbek gesundet. Aus Uh Sarımsaq wird Garlic-Man, der jetzt den Ersatzvatili natürlich verlassen muss, da die ganze Menschheit seine Heilungskünste braucht. Zum Fortbewegen benutzt er sein Super-Garlic-Mobil: Eine zum Heißluftballon umgenähte, kasachische Jurte, die er mit seinem Knobiatem aufbläst und antreibt und die bei maximaler Entfaltung natürlich die Form eine Riesenknolle einnimmt. Mit dem G-Mobil (Abkürzungen kommen immer gut, siehe T-Rex, J-Lo, CR7, Jogi, Angie) schwebt er zu den Einsätzen und damit die Kranken wegen der olfaktorischen Aura des Superhelden nicht reihenweise umkippen, lässt er sich von der Firma »4711 – Kölnisch Wasser« sponsern, die ihm Kölnisch Wasser auf Lebenszeit zur Verfügung stellt. Und jetzt zurück zu den Nachrichten.

Allium sativum ist die kulinarische Lingua franca aller Völker und fast so alt wie die Menschheitsgeschichte. Die alten Sumerer, Ägypter, Phönizier, Chinesen, Inder, Perser, Griechen, Römer, Byzantiner und Wikinger kannten und aßen Knoblauch. Zur Zeit der Pharaonen bekam man angeblich für 15 Pfund Knoblauch einen stattlichen Sklaven und die Versorgung der Zwangsarbeiter mit Zwiebeln, Rettich und Knoblauch beim Bau der Cheopspyramide kostete Cheops Unsummen. Als Geizkragen Cheops die Ausgaben drücken wollte und den Arbeitern die tägliche Knoblauchration strich, streikten die Arbeiter und schufteten erst an seinem gigantischen Sarg weiter, nachdem sie wieder die übliche Dosis Knoblauch erhielten. Ägypten galt allgemein als das Knobizentrum der Antike und sie nahmen die Zwiebel sogar ins Jenseits mit. Der englische Archäologe Howard Carter entdeckte Ende November 1922 im Tal der Könige mit einheimischen Hilfskräften nicht nur die vollständig erhaltene Grabkammer des Rock 'n' Roll-Pharaonen Tutanchamun (regierte schnell, starb jung) mit kostbaren Artefakten und der berühmten Totenmaske, sondern darin auch vertrocknete Knoblauchreste. Vermutlich sollte Tutanchamun im nächsten Leben nicht auf die leckeren und würzigen Zehen verzichten müssen.

Mit ihrer Knoblauchmanie steckten sie genauso die Juden an. Irgendwann hatten die Kinder Israels genug von der Gastfreundschaft des Pharaos und ließen sich von Moses ins Heilige Land führen. Trotz Meeresteilung und anderer Abkürzungen auf der Route gestaltete sich die Reise aber sehr strapaziös und die Juden begannen – zur Empörung von Moses – die Küche des Nilvolkes zu vermissen: »Wir denken an die Fische, die wir in Ägypten umsonst aßen, und an die Kürbisse, die Melonen, den Lauch, die Zwiebeln und den Knoblauch.« (4. Buch Mose 11,5) Ganz nach dem Motto: »Schon schlimm bei den Ägyptern, aber lecker war's!«

Doch die Starknolle des Altertums ging natürlich manchen gegen den Strich respektive die Nase, denn der nicht zu überriechenden Duft strömt gerne aus sämtlichen Schweißdrüsen des Menschen. Eine vermutlich von Knoblauchverächtern in die Welt gesetzte Legende erzählt, das Liliengewächs würde immer dort wachsen, wo der Teufel nach seinem Rausschmiss aus dem Paradies den Fuß hingesetzt habe. Folgerichtig müsste Gott den armen Teufel über Zentralasien rausgeworfen haben, dort wuchs nämlich der wilde Urknoblauch, von dem sämtliche späteren Züchtungen und Variationen abstammen. Aus den Steppen Zentralasiens trat der Knoblauch seinen Siegeszug in alle Himmelsrichtungen an und landete wie erwähnt auch bei den Griechen, die ihn unter anderem aus dem Knoblauchhotspot am Nil importierten. Bei der Priestergilde und den Vornehmen rümpfte man aber die Nase und behauptete, die Götter würden Knoblauch wegen des Geruchs nicht mögen. Darum hatte man mit einer Knobifahne automatisch Tempelverbot. Erst nach vollständiger Ausdünstung durfte Frau/Mann den Göttern wieder huldigen. Selbstverständlich konnte die priesterliche Gegenwehr den Knoblauch in Hellas nicht aufhalten, auch Griechenland wurde Knobiland. Überwürzte Fleischplatten beim »Lieblingsgriechen« um die Ecke zeugen heute noch dermaßen von der hellenischen Knoblauchliebe, dass man beizeiten den Gastwirten ein paar Spuren der spirituellen Gewürzabstinenz ihrer Ahnen zurückwünscht.

Rührend, originell und genauso erfolglos versuchte Alfons XI. das asiatische Gewächs zumindest von adeligen Kreisen fernzuhalten. Der König von Kastilien trat 1312 als Einjähriger den Thron an und musste sich bis zur Volljährigkeit von seiner Oma bei den Regierungsgeschäften vertreten lassen. Heutzutage wäre die jahrelange Bevormundung durch die Großmutter unvorstellbar, denn als grundsätzlich hochbegabtes Kind würde der kleine Alfons mit zwölf Monaten sofort zu regieren beginnen. Schließlich wäre er schon im Mutterbauch mit klassischer Musik, Latein und Machiavellis »Der Fürst« beschallt worden. Mit 14 Jahren durfte der pubertierende Alfons endlich selber regieren und mischte fleißig bei der Reconquista, der Vertreibung der muslimischen Mauren von der Iberischen Halbinsel mit. Er verdiente sich den freundlichen Beinamen »der Rächer« und gründete 1330/1332 den Ritterorden »Orden de la Banda« (»Orden des Bandes«). Neben tugendhaftem Verhalten, Königstreue und Kriegsteilnahme war Alfons folgender Passus in der Ordens-AGB besonders wichtig: Der Hass auf Knoblauch. Wenn ein Ritter des Ordens es wagte Knoblauch oder Zwiebeln zu essen, durfte er sich einen Monat lang nicht am Königshof blicken lassen und genauso lange keinen Kontakt zu Ordenskollegen haben. Die empfindsame Nase hielt Alfons nicht von seinem Heiligen Krieg gegen die Mauren ab und er schlug Schlacht um Schlacht. Schließlich belagerte er mit Truppen Gibraltar obwohl er wusste, dass in der Gegend die Pest wütete. Vermutlich konnte er nicht anders, einmal Gotteskrieger, immer Gotteskrieger. Mit wohl 39 Jahren starb er dann überraschend an eben dieser Krankheit und die Belagerung wurde abgebrochen. Sein Orden hielt noch mehr als ein Jahrhundert durch, bis er sich auflöste. Alfons konnte den begeisterten Verzehr seiner Hassknolle in Spanien natürlich nicht stoppen, aber die Pest stoppte Alfons.

Nicht anders erging es den alten Römern. Lange vor Cäsar ging der Knoblauch im römischen Reich cäsarmäßig vor: Er kam, er sah, er siegte. Überflüssig zu erwähnen, dass später die Italiener ebenfalls zu Knobijüngern wurden. Römer waren es wohl auch, die ihn nach Mitteleuropa zu den Deutschen brachten. Egal wo der Knoblauch hinkam, er war fast immer ein Gewürz des einfachen Volkes und behielt lange sein »volkstümliches« Image. Höhere Stände wie Adel und Klerus rümpften gern die Nase über den Knoblauchgestank des Pöbels. Wochenlang ungewaschen und mehrfach zugepudert roch man natürlich viel vornehmer. Alle Anfeindungen konnten dem Knoblauch nichts anhaben und die kulinarische Renaissance erlebte er in Deutschland mit dem Zuzug von Gastarbeitern aus dem europäischen Süden, dem Balkan und der Türkei in den 60ern des letzten Jahrhunderts. Sie brachten neben ihrer Arbeitskraft auch ihre knoblauchhaltigen Speisen mit. Nicht lange nach ihrer Ankunft wurde Türken eine besondere Ehre zuteil: Von manchen Einheimischen wurden sie als »Kanaken«, »Scheißtürken« und vor allem als »Knoblauchfresser« beschimpft. Denn der Türke hatte ja dieses stinkende Zeug miteingeschleppt. Immer wenn Dummheit und Geifer Hand in Hand gehen, fällt Wissen bekanntlich hintenüber: Der Knoblauch war seit Jahrhunderten schon da, der Türke kam viel später.

Allmählich entdeckten die Deutschen die leckere Küche der Migranten und dazu die lindernden Wirkungen der Duftknolle wieder und der Verband Deutscher Drogisten kürte Knoblauch 1989 sogar zur »Arzneipflanze des Jahres«. Spätestens mit dem drogistischen Ritterschlag verwandelte sich das Image der

»neuen« Arzneipflanze fundamental, denn nichts öffnet die emotionalen Schleusen des modernen Deutschen mehr als »Natur« und »Heilung« und bei »natürlichen Heilungskräften« wird er wachsweich. Und Heilungskräfte bietet der Knoblauch en masse. Noch ein Beispiel gefällig? Knoblauch wurde früher auch spöttisch »Russisches Penicillin« genannt. Im Gegensatz zu den Westalliierten verfügten russische Soldaten während des Zweiten Weltkrieges nicht über Penicillin. Also aßen sie große Mengen Knoblauch, weil sie wussten, dass der Wirkstoff Allicin, der beim Quetschen oder Kauen der Zehe entsteht, vor bakteriellen Infektionen schützt. Ganz sicher rochen sie zwar aus allen Poren und erledigten die Wehrmacht wenn nicht mit Kalaschnikows, dann garantiert mit ihrer Knoblauchausdünstung, aber ihr Immunsystem war bestens gerüstet!

Fast 80% des weltweit produzierten Knoblauchs kommt heute aus China und der größte Teil davon bleibt wegen Eigenbedarfs auch dort. Relevante Mengen produzieren ebenfalls Indien, Bangladesch, Ägypten und die USA. Egal wo auf der Welt gegessen und gekocht wird, Knoblauch ist fast immer mit im Spiel. An dem »König der Gewürze« kommt so oder so keiner mehr vorbei. Das Gemüseanbaugebiet im »frrängischn« Städtedreieck Nürnberg-Fürth-Erlangen wird seit Jahrhunderten »Knoblauchsland« genannt, auch wenn dort heute keine größeren Mengen Knoblauch angebaut werden. In Kalifornien feierte 2018 das »Gilroy Garlic Festival« 40-jähriges Jubiläum. Jeden Sommer kann man in Gilroy mindestens drei Tage lang in die »World of Garlic« eintauchen und einhauchen. Beim Durchdeklinieren von Entertainment und Merchandising macht US-Amerikanern keiner etwas vor. Das Festival hat natürlich eine eigene App und bietet den Besuchern »Great Garlic Food« in Hülle und Fülle, unter anderem »Garlic Fries, Garlic Shrimps«, jede Menge Fleisch mit Garlic und tatsächlich auch »Free Garlic Ice Cream«! Dazu gibt es diverse Wettbewerbe, die schöne knackige Namen tragen wie »The great garlic cook off«, »Gilroy Garli-Que BBQ Challenge« oder »The garlic Showdown«. Dazu Live-Musik, »Entertainment & Family Fun« und last but not least eine »Childrens Area« mit Hüpfburgen, Luftballons und Betreuern, die die Bälger bespaßen, während die Eltern Knoblauch in allen erdenklichen Formen mampfen und Wein aus Plastikbechern trinken.

Das Festival verfolgt durchaus karitative Zwecke und konnte bis dato laut eigenen Angaben 11,5 Millionen Dollar an lokale Schulen und wohltätige Organisationen spenden. Jedes Jahr wird auch eine »Miss Gilroy Garlic« gewählt, dazu muss sie ein persönliches Interview meistern, eine Rede über Knoblauch halten und live auf der Bühne Fragen der Jury beantworten. Der Siegerin und den bestplatzierten Ladys zwischen 18 und 24 winken Preisgelder und Stipendien. Ein Maskottchen hat das Festival ebenfalls, es heißt »Herbie« und ist eine riesige – Knoblauchzwiebel. Alle Fressmeilen, »Challenges« und »Showdowns« bekommen ihren Knoblauch von einem lokalen Produzenten, der das Festival jährlich mit zwei Tonnen Knoblauch sponsert. Zwei Tonnen Knoblauch für drei ganze Festivaltage! Angeblich ist das einzige menschliche Bauwerk, dass man aus dem Weltall mit bloßem Auge erkennen kann, die Chinesische Mauer. Jeder Wette, dass man aus dem Weltall auch die gigantische Knobiwolke sehen kann, wenn Menschen an drei Festivaltagen zwei Tonnen Knoblauch verkochen, verzehren und verschwitzen!

DIE ARABISCHEN WISSENSCHAFTEN #2

Warum Andalusien? Weil sie konnten

Die Eroberung Spaniens durch die Araber war weder von langer strategischer Hand in der damaligen Zentrale der Umayyaden in Damaskus geplant worden, noch war sie spontan. Die kalifalen Truppen hatten unter dem Kommando von Musa bin Nusayr in den Jahren 699–705 u. Z. schon Nordwestafrika erobert und den Atlantik erreicht, da war der Prophet gerade mal 70 Jahre im Himmel bei seinem Chef. Wie groß der Ozean war und was hinter dem Ozean lag, wussten die Eroberer nicht. Südlich gab es viel karge Landschaft und wenig zu holen, also ging der Blick nach Norden. Kommandeur Musa schickte 710 u. Z. als Vorhut den Berberführer Tarif Abu Zura über die Meerenge, zusammen mit 100 Reitern und 400 Fußsoldaten. Nach der Landung machte Tarif mit seiner Truppe ein paar Ausflüge in die umliegenden Naherholungsgebiete und kehrte mit reicher Beute zurück. Fleißig wie Tarif war, gründete er am Landepunk, der südlichsten Spitze Kontinentaleuropas, gleich mal eine Stadt, die bis heute seinen Namen trägt: Tarifa. Weil die erste Landung erfolgreich war, legte Musa, beziehungsweise sein Stellvertreter General Tariq bin Ziyad, nach.

Ein Jahr später setzte Tariq mit siebentausend Berbern über und ließ sich dabei vom westgotischen, christlichen Gouverneur von Ceuta, Graf Julián helfen. Ceuta ist heute eine spanische Exklave auf afrikanischer Seite, nordöstlich von Tanger am Meer gelegen oder wie es Immobilienmakler anpreisen würden: Dominante Ecklage mit phantastischer Aussicht! Graf Julián hatte seine Tochter an den Hof des Westgotenkönigs und Spanienherrschers Rodrigo nach Toledo geschickt, vermutlich zwecks Ausbildung zur feinen Dame. Der im Land unbeliebte und umstrittene König verknallte sich in die Tochter und vergewaltigte sie, was die Geschändete per Bote ihrem Vater berichtete. Der erzürnte Graf Julián sann auf Rache und wandte sich an Tariq. Ob Graf Julián und General Tariq tatsächlich einen Pakt schlossen, um Rodrigo zu töten, ist nicht stichfest überliefert, aber was die Quellen berichten: Graf Juliáns Flotte transportierte Tariq samt Armee über die Meerenge und setzte sie am Fuß eines großen, 425 Meter in die Höhe ragenden Felsens ab, der nach Tariq benannt werden sollte, *Djabal Tariq*, »Tariqs Berg«, aus Djabal Tariq wurde später Gibraltar.

Nach der Landung zog Tariq landeinwärts und am 19. Juli 711 u. Z. kam es zum Showdown mit Rodrigo am Rio Barbate zwischen Sevilla und Cádiz. Tariqs Berberarmee gewann die Schlacht, Rodrigo wurde bei den Kämpfen getötet und der Rest seiner Armee floh. General Tariq marschierte weiter Richtung Norden und nahm ohne größeren Widerstand Córdoba, Toledo und weitere Städte ein. Musa bin Nusayr war wohl vom Tempo seines Stellvertreters überrascht und wollte Tariq nicht den ganzen Ruhm bei der Eroberung Spaniens überlassen. Im Juni nächsten Jahres fuhr Musa mit achtzehntausend meist arabischen Soldaten ebenfalls nach Andalusien rüber und eroberte Sevilla und Mérida. Auf dem Weg nach Toledo stieß Tariq zu Musa und wurde vom Vorgesetzten erstmal ordentlich zusammengestaucht. Wie konnte Tariq auch unautorisiert soviel Land erobern? Es ging um Ruhm, Beute und die Egos zweier Silberrücken. Musa marschierte weiter nach Norden und nachdem er Saragossa und das Umland eingenommen hatte, kam ein Befehl des Kalifen al-Walid: Musa und Tariq sollten in die Hauptstadt Damaskus zum Rapport. Musa ließ seinen Sohn Abd al-Aziz als Gouverneur der neuen Provinz Spanien zurück und reiste mit Tariq und reichlich Beute ab. Beide sollten nicht mehr nach Andalusien zurückkehren.

Als Musa und Tariq um die Jahreswende 713/14 u. Z. nach Syrien aufbrachen, war die iberische Halbinsel bis auf einen Küstenstreifen im Baskenland vollständig erobert. Den Streifen behielt ein renitenter gotischer Adeliger, der einige Jahre später – genauer weiß man es nicht – bei einer Auseinandersetzung ein paar hundert der Besatzungssoldaten schlug.

Was die neuen Herren im Haus nicht weiter interessierte, da sie ansonsten die Halbinsel unter ihre Kontrolle gebracht hatten. Der bewaldete Streifen an der Nordküste war für die islamischen Wüstenmänner eh nicht sonderlich lukrativ, er war zu grün, zu feucht und zu kalt. Aber die christlichen Historiker machten später ein Riesengedöns um die Schlacht, die in Wahrheit ein Schlächtchen war und bliesen sie zu einem monumentalen Krieg auf, bei dem die tapferen christlichen Truppen, natürlich hoffnungslos in der Unterzahl aber mit Gott an ihrer Seite, an die zweihunderttausend Muslime niedergemacht hätten. Was schon logistisch ziemlicher Quatsch war, denn dazu hätten so viele muslimische Truppen erstmal in Spanien sein müssen, waren sie aber nicht, nicht mal annähernd. Selbst hunderttausend ist wohl eine optimistische Schätzung. In Wahrheit hatte die Eroberung des desolaten Königreichs von Rodrigo die muslimischen Truppen nicht viel Mühe gekostet. Vielen lokalen gotischen Fürsten kam die Eroberung ohnehin nicht ungelegen, und sie arrangierten sich schnell mit den neuen Herren.

Die nächsten Jahrzehnte regierten Gouverneure das neue Herrschaftsgebiet. Sie unterstanden zwar offiziell dem Befehl des Kalifen, konnten in Andalusien aber recht autonom ihr eigenes Süppchen kochen, denn die Distanz war ihr Freund. Damaskus war weit weg, so weit weg, dass der Kalif von dort kaum Einfluss nehmen konnte. Als dann der Konflikt zwischen dem regierenden Clan der Umayyaden und dem regierenwollenden Clan der Abbasiden eskalierte, hatten die Gouverneure im fernen Westen erst recht freie Hand. Bis im Sommer 755 u. Z. ein bemerkenswerter junger Mann von 24 Jahren auf der Halbinsel auftauchte und Anspruch auf die Herrschaft in Andalusien erhob. Sein Name war reinste Poesie, Abd al-Rahman, »Der Sklave des Erbarmers«. Er wurde »der Einwanderer« genannt. Ob er schon als Kind so hieß oder erst später und warum er nicht passenderweise »Auswanderer« genannt wurde, ist nicht überliefert. Später kam noch »I.« hinzu, Abd al-Rahman I., denn es sollten noch vier weitere Abd al-Rahmans folgen. Nummer 1 war der einzige männliche Umayyaden-Sprössling, der 750 u. Z. das Massaker der Abbasiden an seiner Sippe in Syrien überlebte und dem anschließend die Flucht nach Nordafrika gelang. Er muss ein sehr kluger und geschickter Kopf gewesen sein, denn er schaffte es in den nächsten Jahren die Berberstämme im Maghreb hinter sich zu bringen und zu mobilisieren. Hilfreich war sicher auch, dass seine Mutter eine Berberin aus der Region gewesen war. Als er 755 u. Z. dann mit einer Berber-Armee im Rücken in Andalusien auftauchte, hielt sich die Begeisterung des aktuellen Gouverneurs in Grenzen und es kam zum blutigen Konflikt, den Abd al-Rahman I. für sich entschied. Nach weiteren Auseinandersetzungen zog er schließlich 756 als Sieger in Córdoba ein und ließ sich zum Emir von Al-Andalus ausrufen. Herrschaft angemeldet, Herrschaft durchgesetzt.

Emirat reicht erstmal

Abd al-Rahman regierte über dreißig Jahre das Emirat von Córdoba. Während seiner gesamten Regierungszeit hatte er mit Aufständen und Unruhen jeglicher Arzt zu tun, irgend jemand oder eine Clique war immer unzufrieden. Mal revoltierte eine arabische Sippe, mal ein Berber-Clan oder eine Gruppe von frisch zum Islam konvertierten Spaniern. Besonders durchgeknallt war die »Revolte« einer christlichen Bewegung mit einigen Dutzend Mitgliedern. Obwohl schon bei al-Rahman I. und später auch unter fast allen islamischen Emiren, Kalifen und Kleinkönigen Religionsfreiheit herrschte, Juden und Christen ihrem Kult nachgehen, ihre Angelegenheiten intern regeln und Christen die Kirchenglocken läuten lassen konnten, war dieser Haufen sich gegenseitig aufputschender Fanatiker erpicht auf den Märtyrertod. Sie beschimpften in der Öffentlichkeit ausdauernd islamische Würdenträger und wünschten Muhammad zum Teufel, bis die ratlosen und verdutzten Richter nicht anders konnten, als ihnen den Gefallen zu tun. Auf die Beschimpfung und Beleidigung des Propheten vor aller Augen stand nun mal die Todesstrafe. Diese Art des Protests gegen die islamische Herrschaft war auch unter Christen höchst umstritten, aber die Rasenden ließen sich nicht mal von den eigenen Bischöfen stoppen. Die meisten Revolten hatten allerdings keinen religiösen Hintergrund, es ging um handfeste politische und wirtschaftliche Interessen. Als Abd al-Rahman mit knapp sechzig Jahren starb, hatte er nicht nur seine Position gefestigt, sondern ein Emirat mit einigermaßen funktionierenden Verwaltungsstrukturen erschaffen. Seine Lebensleistung war auch den Abbasiden in Bagdad nicht entgangen, die fast seine gesamte Sippe ausgelöscht hatten. Der Großvater von Harun al-Rashid, Kalif al-Mansur nannte al-Rahman I. anerkennend den »Falken seines Stammes«.

Wenn schon, dann schon Kalifat

Das Emirat bestand bis 929 u. Z. und ging über in das Kalifat von Córdoba, weil sich der dritte Abd al-Rahman traute, was der erste aus taktischen Gründen unterlassen hatte. Während Abd al-Rahman I. sich selbst nur zum Emir ernannt hatte, damit in der politisch-religiösen Hierarchie eine Stufe unter dem Kalifen im Osten blieb, um nicht die Abbasiden gegen seine noch auf wackeligen Beinen stehende Herrschaft in Andalusien aufzubringen, ließ sich gute 170 Jahre später der dritte Abd al-Rahman zum Kalifen ausrufen. Damit waren es dann drei in der islamischen Welt, denn die schiitischen Fatimiden und Herrscher von Ägypten hatten inzwischen auch schon einen eigenen installiert. Ganz nach dem Motto: Jedem sein eigener Kalif.

Unter Abd al-Rahman III. begann das goldene Zeitalter Andalusiens, seine fast fünfzigjährige Regierungszeit verlief friedlicher als jede andere Phase im islamischen Spanien und ermöglichte das Erblühen von Kultur, Wissenschaft und Architektur. Unter seinem nicht minder gebildeten und erfolgreichen Sohn al-Hakam II.

ging es genauso weiter, nur regierte der nicht annähernd so lange, er hatte das Prinz-Charles-Problem, unter dem Prinz Charles bis dato leidet. Als der alte al-Rahman III. endlich abtrat, also starb, war al-Hakam II. bereits 46 Jahre alt, aber immerhin regierte er dann noch fünfzehn Jahre, während der halbgreise Prinz Charles immer noch wartet. Nachdem al-Hakam II. abgedankt hatte, also verstorben war, begann schon der langsame Niedergang, denn das multiethnische Reich aus muslimischen Arabern, christlichen und islamisierten Spaniern, spanischen Juden, arabisierten, nicht arabisierten Berbern und Sklaven aus Osteuropa blieb nur stabil, solange dominante Herrscher die Zügel in der Hand halten und für Ordnung und Ausgleich sorgen konnten. Dazu kamen die langsam einsetzende Reconquista, christliche Rückeroberungsversuche aus dem Norden, der schon nicht mehr in muslimischer Hand war. Sobald die Herrscher den inneren Spannungen und dem äußeren militärischen Druck nicht mehr gewachsen waren, flog das Reich auseinander.

Dem zweiten Nachfolger des dritten Abd al-Rahman gelang es in seiner Regierungszeit von 978–1002 u. Z. noch, das Reich stabil zu halten, aber zu einem hohem Preis, denn al-Mansur, »der Siegreiche« führte 52 Feldzüge gegen die Christen im Norden mithilfe neuer Berber-Armeen, die er aus dem Maghreb rekrutiert hatte und die ein Fremdkörper im multiethnischen Leben Andalusiens bleiben sollten. Al-Mansur war der Herrscher Andalusiens, aber da er kein Spross aus dem Clan der Umayyaden war, durfte er nicht das Amt des Kalifen bekleiden. Diesen »Mangel« an Legitimation zur Herrschaft versuchte er mit Konzessionen an die religiöse Kaste wettzumachen. Er lebte wohl eine demonstrative Frömmigkeit vor und trug einen selbst abgeschriebenen Koran bei sich. Aus der beeindruckenden Bibliothek seines Vorgängers, die mehrere hunderttausend Bücher enthielt, ließ er philosophische und wissenschaftliche Werke zerstören. Weder diese reaktionäre Tat noch der Versuch, die eigenen Söhne als Nachfolger zu etablieren, retteten die ohnehin fragile Einheit. Nach seinem Tod dauerte es nicht lange, bis sich alle Grüppchen und Parteien in der Wolle hatten und das Reich in zig kleine Teile zerfiel.

Königreiche in Bonsaigröße, Berberdynastien & Coming-Out der Inquisition

Es folgten Jahrzehnte lokaler Minikönige, die nur über eine Stadt oder einen schmalen Landstrich herrschten und sich in permanenten Auseinandersetzungen mit anderen Ministaaten befanden. Danach folgten zwei Berber-Dynastien, denen es wieder gelang größere Staatsgebilde zu formen. Der Rest war ein langes, langsames Sterben. Die Reconquista, die »Rückeroberung der christlichen Gebiete« hatte für Muslime und Juden in Andalusien katastrophale Folgen. Die katholischen Herrscher spielten Hand in Hand mit der Kirche die gesamte Klaviatur der Repression: Sprach- und Kultverbote, Zwangsmissionierung, Enteignung und Zwangsumsiedlung. Trauriger Höhepunkt und

Abschluss war die Vertreibung von etwa dreihunderttausend *Moriscos* Anfang des 17. Jahrhunderts aus Spanien nach Nordafrika. Moriscos wurden Muslime genannt, die vor die Wahl Übertritt oder Ausreise gestellt, pro forma zum Christentum konvertierten, um die Heimat nicht verlassen zu müssen. Am Ende mussten sie aber dann doch ihre Heimat verlassen, weil sie die totale Assimilation bis zur Selbstverleugnung verweigerten. Die Vorhut des muslimischen Berberführers Tarif hatte 710 u. Z. erstmals die spanische Halbinsel betreten und 1614 u. Z. wurden die letzten Moriscos nach Nordafrika vertrieben. Die Deportation war nach 900 Jahren das bittere und verstörende Ende des maurischen Andalusiens.

Ruhig ist relativ

Die Geschichte von *Al-Andalus*, so nannten Muslime die iberische Halbinsel, verlief relativ unruhig. Die Standard-Phrase von Historikern, die den ganz großen Bogen spannen mit:»... und bescherte dem ... Reich eine lange Phase der Stabilität und des Friedens ...« können wir für die Zeit des oben erwähnten selbsternannten Kalifen Abd al-Rahman III. anbringen, der ein halbes Jahrhundert regierte und al-Nasir,»der Sieger«, genannt wurde. Genauso noch für die Regierungszeit seines Sohnes und Nachfolgers al-Hakam II. Von ihm ist kein Rufname wie»Sieger, Eintretende oder Reintretende« überliefert, obwohl er auf jeden Fall einen verdient gehabt hätte. Vor allem al-Rahman III. musste zwar zu Beginn seiner Herrschaft immer wieder innen und außen für Ordnung sorgen, aber die Zeitspanne von al-Rahmans Machtantritt 921 u. Z. bis zum Tod seines Sohnes al-Hakam 976 u. Z. war wohl die beste Phase der islamischen Herrschaft in Spanien. Sie ermöglichte einen kulturellen Schub auf allen Ebenen und ein Zusammenleben verschiedenster Ethnien und Religiogen, das in der Geschichte seinesgleichen sucht. Vater und Sohn holten Gelehrte und Künstler an den Hof, sponserten die Arbeit von Wissenschaftlern und bauten Córdoba zur prächtigsten und fortschrittlichsten Metropole Europas auf.

Andalusiens Herrscher und Gelehrte profitierten von der kulturellen »Vorarbeit« des abbasidischen Kalifats in Bagdad und fügten den wissenschaftlichen und kulturellen Leistungen der Kollegen aus dem Orient viele eigene Komponenten hinzu. Diese eigenen und besonderen Komponenten waren das Resultat eines Schmelztiegels aus Islam, Judentum und Christentum in Andalusien, den selbst die Bonsai-Könige mit ihren Stadtstaaten am Leben hielten. Hier die Kurzporträts von einigen der hellsten und originellsten Köpfe des islamischen Andalusien.

Singer, Songwriter und Fashionking – Ziryab

Er gilt als der größte Musiker von Al-Andalus und seinen Spitznamen *Ziryab*, »schwarzer Vogel« soll er der dunklen Haut, dem angenehmen Äußeren und seiner samtenen Stimme zu verdanken haben, ein früher Elvis Presley, nur viel gebildeter und kultivierter. Vermutlich um 790 u. Z. in Bagdad in eine wohlsituierte Familie hineingeboren, wurde er von dem damals berühmtesten Musiker in Bagdad, Ibrahim al-Mawsili unterrichtet, der ein Buddy von Kalif Harun al-Rashid war. Ibrahims Sohn, selbst Musiker, stellte den jungen Mann dem Kalifen vor, der von dem Privatkonzert Ziryabs sehr angetan gewesen sein soll. So angetan, dass Ibrahims Sohn, grün vor Neid, Ziryab vom Hof mobbte. Danach verschwand Ziryab von der Bildfläche und tauchte ein paar Jahre später am Hof eines lokalen Fürsten in Tunesien wieder auf und zog weiter nach Westen, als er es sich dort mit dem Fürsten verscherzte, womit auch immer. Schließlich erreichte er 822 u. Z. den Kalifenhof in Córdoba und fand endlich sein Biotop zur Entfaltung. Abd al-Rahman, allerdings der II., trat im selben Jahr die Herrschaft an und förderte Ziryab nach besten Kräften. Ziryab wurde zum Star Córdobas, nicht nur weil er wohl ein überragender Musiker war, sondern weil er über Bildung, Geschmack und Stil verfügte und die »neuesten« Moden aus Bagdad in Córdoba einführte. Ein Mann von Welt aus der damals noch bewunderten Kapitale Bagdad, dem die Bewohner Andalusiens an den Lippen hingen, sowohl musikalisch als auch geschmacklich. Und Ziryab ließ sich nicht lumpen und gab gerne zu allen Themen Auskunft, von der Kulinarik bis zur Frauenmode, ein Lifestyle-Magazin auf zwei Beinen.

Er war ein Meister an der Ud, der Laute mit dem kurzen Hals und dickem Bauch, und ein kleiner Schaumschläger, denn die Neuerungen, die er bei dem Instrument in Córdoba einführte, waren wohl nicht ganz so neu und in Bagdad länger im Umlauf. So zum Beispiel eine fünfte Saite an der Ud, die er rot färbte und weihevoll der Seele widmete. Statt eines Holzplektrums benutzte er die Feder eines Geiers und zur Herstellung der beiden tiefen Saiten verwendete er den Darm von jungen Wölfen. Ob er Hobbyjäger war und die Tiere selbst erlegte, ist nicht bekannt. Auch die Einführung der Zahnpasta in Andalusien soll auf seine Bürste gehen. Ziryab gründete eine Musikschule, in der er selbst unterrichtete und starb 852 u.Z. in Córdoba. Der schwarze Vogel hinterließ eine Reihe von Eigenkompositionen und acht Söhne. Wieviel Töchter der Dandy zeugte, weiß man leider nicht.

Großer Mann, großer Schatten – Ibn Rushd alias Averroes

Im europäischen Mittelalter unter Gelehrten weltberühmt als »Der Kommentator«, und zwar der relevanten Werke von Aristoteles. Universalgelehrter, Koranexperte, Jurist, Astronom, Arzt, Prä-Biologe und eben Philosoph. Der einzige islamische Denker, der es auf Raffaels Gemälde »Die Schule von Athen« brachte. Zu sehen ist das Fresko mit abendländischen Philosophen und Wissenschaftlern in den Vatikanischen Museen, Ibn Rushd findet man am linken Rand, mit Turban und Schnauzer. Er kam 1126 u. Z. als Sohn einer Familie von Rechtsgelehrten in Córdoba auf die Welt. Das Auslegen wurde ihm praktisch in die Wiege gelegt, denn sein Opa war Richter, der Papa auch und Ibn Rushd arbeitete später unter anderem als was? Richtig, Richter. Er studierte querbeet die oben genannten Disziplinen und hatte in jedem Fach die besten Lehrer. Der aktuelle Regent der herrschenden Berber-Dynastie der Almohaden beorderte den 27-jährigen gut ausgebildeten Mann nach Marrakesch, um dort die Gründungen von Hochschulen zu unterstützen. Dort nahm er auch an astronomischen Beobachtungen teil und lernte wohl seinen Förderer Ibn Tufayl kennen, eine andere bekannte Geistesgröße Andalusiens.

Ibn Tufayl war in verschiedenen Funktion Angestellter mehrerer Almohaden-Herrscher, Leibarzt und ist Autor des in deutscher Sprache erhältlichen philosophischen Insel-Romans »Der Philosoph als Autodidakt«. Ibn Rushd sollte später das Amt des Leibarztes von Ibn Tufayl übernehmen. Auf die Idee Aristoteles zu kommentieren, brachte ihn der Almohaden-Sultan Yusuf, weil dieser Probleme hatte, Aristoteles zu verstehen. Mit dem Problem ist er bis heute nicht allein. Yusuf wollte Ibn Tufayl mit dem Verfassen des erläuternden Kommentars beauftragen, aber der Fuchs Ibn Tufayl winkte ab: Sorry, würde zulange dauern und ich bin schon zu alt! Er schlug Ibn Rushd vor und Yusuf willigte ein. Ibn Tufayl wusste sicher, warum er dankend abgelehnt hatte, denn sein Zögling Ibn Rushd arbeitete 26 Jahre an dem Kommentar, der ihn zum bekanntesten islamischen Philosophen des Abendlandes machte. Er wurde als legitimer Nachfolger des großen alten Griechen betrachtet.

Ibn Rushd schlug sich mit der gleichen Frage herum, über die sich seine Vorgänger bereits den Kopf zerbrochen hatten: ob man Glaube und Vernunft vereinbaren kann. Für ihn hatte beides dasselbe Ziel, das Erkennen der Wahrheit. Um zur göttlichen Wahrheit zu gelangen, sollte der Koran nicht wörtlich, sondern metaphorisch und allegorisch gelesen werden: »Diese Zweideutigkeit wurde offenbart, damit die Menschen sie gemäß ihrer Intelligenz entschlüsseln. Die offensichtlichen Widersprüche sollen den Gläubigen zum tieferen Verständnis anregen.« Und zum selben Ziel kann man genauso durch rationales logisches Denken gelangen. In seinen eigenen Worten: »Eine Wahrheit kann der anderen nicht widersprechen. Die Philosophie stimmt mit dem Glauben überein und legt Zeugnis für ihn ab.« Glauben an sich in Frage zu stellen, kam weder für ihn, noch für seine europäischen Nachfolger in Frage. Oder er traute sich verständlicherweise nicht. Ibn Rushd selbst war wohl nicht sonderlich fromm und seine Ansichten zur Koranexegese und die philosophischen Arbeiten brachten ihn im Herbst seines Lebens, im Jahr 1195 u. Z., eine Verbannung in die Nähe von Córdoba ein, weil es der aktuelle Herrscher Yaqub al-Masur für eine clevere Idee hielt mit der Verbannung des Rationalisten Ibn Rushd, die wie immer total aufgeschlossen-dogmatische Theologenkaste im Kampf gegen die Christen in Andalusien auf seine Seite zu bringen. Drei Jahre später konnte Ibn Rushd an den Herrscherhof in Marrakesch zurückkehren, wurde von Yaqub vollständig rehabilitiert und starb noch im selben Jahr. Averroes wurde 72.

Córdoba unter seinen Flügeln – Abbas ibn Firnas

Ein Mondkrater ist nach ihm benannt, eine Brücke über dem Guadalquivir in Córdoba heißt *Puente de Abbas Ibn Firnas* und in Bagdad zeigt ihn eine Statue mit Flügeln. Ibn Firnas erlebte drei umayyadische Emire, überlebte einen Flugversuch und Anklagen wegen Blasphemie. Sein Todesjahr ist bekannt, er starb 887 u. Z., das Geburtsjahr nicht. Er stammt aus einer Berber-Familie und wurde in der Gegend der südspanischen Stadt Ronda geboren, dann zog es ihn in die weite Welt nach Córdoba und er machte sich einen Namen als neugieriger, aufgeschlossener Gelehrter und Dichter, dessen Spezialität *Panegyriken* waren. Ein Panegyrikus ist eine Lobrede und ein Panegyrikus in Versform ist eine Lobrede mit Sahnehäubchen. Mit kunstvollen Lobhudeleien becircte er drei Emire hintereinander und war aller drei Hofdichter. Zwischendurch reiste er zur Fortbildung nach Bagdad und brachte den *Sindhind* mit, die Sternentafeln der Inder. Er soll auch eine Methode zur Herstellung von Kristallen entwickelt haben. Berühmt wurde er als Flugpionier. Er baute einen Gleiter mit zwei mobilen Flügeln aus Federn und sprang von einem Felsen in der Nähe von Cordoba ab. Mehrere hundert Meter soll er geschafft haben, aber das viel größere Wunder war, dass er die harte Landung überlebte, wenn auch mit schweren Verletzungen. Ibn Firnas, ganz Wissenschaftler, nahm die Bruchlandung sportlich und analysierte treffend, dass er zwar die Flügel eines Vogels gebaut, aber nicht an den Schwanz des Vogels gedacht habe.

Profi in Geschichte, Amateur in Politik – der rastlose Ibn Khaldun

Bei dem Namen ist der Auftrag zu großen Taten praktisch Programm: Wali al-Din Abd al-Rahman bin Muhammad bin Muhammad bin Abi Bakr Muhammad bin al-Ḥasan bin Khaldun! Mit dreimal Muhammad und einmal Hasan in der Ahnengalerie muss man irgend etwas knapp unter Prophet werden und Ibn Khaldun wurde es: Natürlich Universalgelehrter, aber insbesondere ein Philosoph und einer der Väter der Geschichtswissenschaft. Und ein Mann von Humor, denn sein fast 1500-seitiges Hauptwerk nannte er *Mukkadima*, »Vorrede, Einleitung«.

Ibn Khaldun kam am 27. Mai 1332 u.Z. in Tunis auf die Welt, ein Kind mit stolzem arabisch-andalusischem Stammbaum, der 500 Jahre weit zurückreichte. Der Filius einer Familie aus Notabeln, die ursprünglich aus Südarabien stammte, während der ersten islamischen Eroberungen nach Andalusien einwanderte und sich in Sevilla niederließ. Bis seine Vorfahren vor der drohenden Reconquista nach Tunis flüchteten. Als Sohn eines Gelehrten bekam Ibn Khaldun die zünftige Ausbildung verpasst: Studium der arabischen Sprache, Studium des Korans und der Hadithe inklusive des Zusatzmoduls Scharia, islamisches Recht. Natürlich nur bei den besten Lehrern in Tunis. Müssen sie wohl gewesen sein, denn er erwähnt sie ausführlich in seiner Autobiographie. Als die in Tunis herrschende Berber-Dynastie von einer anderen verdrängt wurde und sich die Stadt blutig zurückholte, bekam der junge

Mann eine Klatsche fürs Leben, denn zu den Wirren nach der Rückeroberung gesellte sich die aus dem Osten kommende schwarze Pest. Etliche starben, auch die Eltern des gerade mal 17-jährigen Ibn Khaldun.

Er zog westwärts weiter nach Fez und bekam einen Job als Schreiber am Hof, den er aber nicht lange behielt, weil die nächste Invasion nicht auf sich warten ließ. Er nahm den Job als Sekretär beim aktuellen Sultan in Fez an und ging privat seinen Studien nach, da ihn die Arbeit unterforderte. Im Maghreb herrschten unruhigen Zeiten und Ibn Khaldun wollte nicht in irgendwelche Machtkämpfe irgendwelcher Herrscherhäuser oder Dynastien verwickelt werden und wurde es doch. Er gab sich unpolitisch, nahm aber angeblich an einer Verschwörung gegen den aktuellen Herrscher teil und landete für zwei Jahre im Knast. In seiner Autobiographie bestreitet er den Verdacht vehement und führt ihn – wie sollte es anders sein – auf Neid, Missgunst und Intrigen anderer zurück. Danach bekam er in Fez kein Bein mehr auf die Erde und ging 1362 u. Z. übers Wasser, nach Granada.

In Granada war das Glück erstmal auf seiner Seite und die Machkonstellation am Hof günstig. Er wurde zum »Duzfreund« des dortigen Sultans und des Wesirs und die beiden schickten ihn sogar als Diplomat in die Stadt seiner Ahnen nach Sevilla. Er sollte mit dem kastilischen König Pedro, dem Grausamen, Friedensverhandlungen führen. Offensichtlich war der Emir mit seinem Teilzeitdiplomaten zufrieden und beschenkte ihn reichlich, was dem Wesir des Emirs auf den Zeiger ging. Er verscherzte es sich dann doch mit Emir und Wesir, ging in den Maghreb, kam wieder, um danach für immer die Iberische Halbinsel zu verlassen. Ibn Khaldun scheint regelmäßig auf das falsche Herrscher-Pferd gesetzt haben, aber auf das richtige zu setzen ist auch schwierig, wenn die Pferde dauernd wechseln. Er lebte in einer Zeit der permanenten politische Unruhe in Nordafrika. Er versuchte sich durchzulavieren und von den stetig wechselnden Machtkonstellationen zu profitieren, genauso wie die aktuellen Herrscher gerne seine Kompetenz und seine Dienste in Anspruch nahmen, um ihn genauso schnell wieder fallen zu lassen, wenn es ihnen opportun erschien.

Die nächsten Jahre wanderte er in Nordafrika hin-und her, bis er schließlich in Kairo landete und dort sogar – für seine Verhältnisse – sesshaft wurde. In Kairo genoss er zunächst hohes Ansehen beim Herrscher, wurde aber von den einheimischen Gelehrten in Kairo misstrauisch beäugt und hatte einen weiteren heftigen Tiefschlag zu verkraften, als er seine Frau und Kinder aus Nordwestafrika per Schiff nach Kairo holen ließ und das Schiff bei Alexandria sank. Er machte weiter, schrieb, lehrte und konnte immer noch nicht die Finger von der Politik lassen, wieder mit wechselndem Erfolg. Deshalb wurde er fünfmal als Richter angestellt und fünfmal abgesetzt! Wenige Wochen vor seinem Tod am 16. März 1406 wurde er zum sechsten Mal zum Richter bestellt. Hätte er noch länger gelebt, wäre er vermutlich wieder entlassen worden. **163**

Ibn Khalduns war mit der »Vorrede« seiner Zeit weit voraus. Er war der erste islamische Historiker, der – salopp formuliert – nach dem »Warum« fragte und die Vogelperspektive bei dem Blick auf die Vergangenheit einnahm. Vor seiner Zeit erzählten Geschichtsbücher von der Chronologie der Herrscher-Dynastien, sie beschrieben, wer wann an die Macht kam, welche Schlacht gewann, welche verlor, wann er starb und wer ihm folgte. Gegenstand der Bücher waren nicht die Ursachen und Umstände der Geschehnisse oder die Betrachtung von größeren Zeiträumen. Genau das tat Ibn Khaldun, ihn interessierten weniger die Helden- oder Schandtaten Einzelner als Motor von Geschichte, sondern die Einflüsse durch Umwelt, Klima, die Strukturen von Gesellschaften und Stämmen und was sie zusammenhält oder auseinanderdriften lässt. Er fragte auch, welche Rolle dabei Religion, Kultur und Tradition einnehmen. Er wollte wissen, wie sich ökonomische Bedingungen auf das Zusammenleben auswirken, wem sie gesellschaftlichen Aufstieg und Abstieg ermöglichen, in seinen eigenen Worten: »Die Unterschiede zwischen den Generationen in ihrem Verhalten, sind nur der Ausdruck der unterschiedlichen ökonomischen Bedingungen, die sie trennen.« Dieses Zitat wird Menschen mit bewegter 68er Vergangenheit bekannt vorkommen, denn es liegt nicht weit weg von Karl Marx Historischem Materialismus: »Die Produktionsweise des materiellen Lebens bedingt den sozialen, politischen und geistigen Lebensprozess überhaupt.«

Sein Augenmerk lag ebenso auf den Verhaltensweisen von Menschen, auf der Motivation ihrer Handlungen.

Ibn Khaldun erhob die Geschichte zur Geschichtswissenschaft, ebnete mit seiner Betrachtungsweise Disziplinen wie Soziologie und Psychologie den Weg zu eigenständigen Wissenschaften. Ein zentrales Motiv und Erklärungsmuster für die Dynamik von Gesellschaften in der »Vorrede« ist die *Asabiyya*, was man in etwa mit »Stammesloyalität, Zugehörigkeit, Gemeinschaftsgefühl« übersetzen kann. Damit einher geht der Gegensatz zwischen Stadt und Land. Während die Stämme auf dem Land oder in der Wüste bedingt durch die Lebensumstände und der notwendigen Lebensweise ein starkes Gemeinschaftsgefühl entwickeln, nimmt dieses bei Stammesangehörigen, die sesshaft geworden sind und in Städten leben sukzessive ab. Die Verstädterung führt zu »Verweichlichung« der Bewohner, zur Auflösung der Loyalität untereinander, zu verminderter Wehrhaftigkeit. Das wiederum ermöglicht die Invasion der Stadt durch Stämme, die noch in der Wüste leben und eine stark ausgeprägte Asabiyya haben. Bis sie selbst durch das Stadtleben verweichlicht werden.

Ibn Khaldun entwickelte die Theorie der Asabiyya während um ihn herum Loyalitäten manchmal täglich wechselten und die einzige Konstante der stetige Machtwechsel war. Natürlich haben seine Theorien und Erklärungsmuster inzwischen Patina angesetzt und gelten als überholt. Aber die Fragen, die er an Gesellschaften und Individuen stellte, sind weiterhin aktuell und mit der Asabiyya-These lag er grundsätzlich nicht falsch, denn die arabischen Reiche krankten oft an der Asabiyya, an der Loyalität, die im Zweifelsfall dem eigenen Stamm oder Clan galt und nicht dem Land. An diesem Phänomen kranken manche Staaten des Orients bis heute. Ibn Khaldun blieb mit seinem Werk lange eine singuläre Erscheinung und fand in den islamischen Reichen keine Nachfolger, die bereit waren, auf seinen neuen Pfaden weiterzugehen. Die Ideen, Analysen und Betrachtungsweisen wurden später mehr im Okzident aufgegriffen als im Orient. Der sechsmalige Kadi Kairos, Universalgelehrte und mit familiären Katastrophen geschlagene Ibn Khaldun war einer der letzten herausragenden Figuren der maurischen Ära Andalusiens

Gescheitert und erfolgreich

Das maurische Andalusien war für Christen, Juden und Muslime weder das Paradies unter islamischer Herrschaft, noch eine düstere Zwischenphase in der ansonsten kontinuierlich christlich geprägten Geschichte der Iberischen Halbinsel. Als die ersten Muslime unter der Fahne des Kalifats die Meerenge von Gibraltar überquerten, fanden sie ein ruiniertes Staatswesen vor, das leicht zu erobern war. Innerhalb von drei Jahren gelang die fast vollständige Einnahme der Halbinsel und diese stieß bei den Einheimischen keinesfalls auf durchgehende Ablehnung. Durch den König der Westgoten drangsalierte Minderheiten wie die Juden konnten aufatmen und ihre Kultur und Religion wesentlich freier leben als zuvor. Die Emire und Kalifen ermöglichten in Städten wie Córdoba, Sevilla, Granada und Toledo eine beispiellose kulturelle Blüte, die im Resteuropa ihresgleichen suchte. Nirgendwo sonst lebten so viele verschiedene Ethnien und Konfessionen unter einem Dach. Es entstand ein historisch einmaliges Gemisch von muslimischen Arabern und maghrebinischen Berbern, christlichen und konvertierten Hispano-Romanen und Juden. Und in den besten Phasen war es ein Leben miteinander. Die Sprache der Wissenschaft und Kultur war arabisch und romanische Dialekte waren die Sprachen des Alltags für alle Einwohner Andalusiens. Es gab sogar einen islamischen Richter, der seine Fatwas nur in einem romanischen Dialekt verfasste. Natürlich gab es immer wieder Spannungen unter den Gruppen, aber meistens ging es um wirtschaftliche und politische Fragen, nicht um religiöse.

Selbst als Andalusien in viele kleine Stadtstaaten zersplittert war, die sich in ständigen Kleinkriegen miteinander befanden, gingen die Koalition quer durch die Konfessionen. Wenn es der muslimische Fürst A für opportun hielt, paktierte er mit dem christlichen Fürsten B gegen den muslimischen Konkurrenten C. Genauso pragmatisch hielten es die christlichen Fürsten und Kleinkönige. Erst während der zwiespältigen Herrschaft der Berber-Dynastien rückte der Dschihad-Gedanke auf islamischer Seite und der Kreuzzug-Gedanke durch die einsetzende Reconquista auf christlicher Seite in den Vordergrund. Die angeführten Punkte sind kein Plädoyer für die islamische Weltherrschaft, denn was an Wissenschaft und Kultur von den islamischem Kernlanden im Orient über das maurische Andalusien ins Abendland gelangte, wurde in den berühmten Übersetzerschulen von Toledo zuerst ins Lateinische und später ins Spanische und andere europäische Sprachen übersetzt. Zu der Zeit war Toledo bereits wieder Hauptstadt des christlichen Königreichs Kastilien. Christliche Gelehrte arbeiteten mit jüdischen und islamischen Gelehrten an den Übersetzungen aus dem Arabischen, denn Arabisch war die universale Sprache der Wissenschaft.

Das Reich der Kalifen adaptierte die kulturellen und wissenschaftlichen Errungenschaften der Inder, Perser und Chinesen, konservierte durch die Übertragung ins Arabische viele wichtige Werke der griechischen Antike, fügte in der Medizin, Philosophie, Mathematik, Astronomie, Physik und selbst in der Botanik und Agronomie eigene entscheidende Beiträge hinzu. Und die Übersetzerschulen in Toledo stellten dem Abendland all das durch die Übertragungen zur Verfügung. Al-Andalus war ein bemerkenswerter Ausblick auf das, was vor mehr als tausend Jahren möglich war und wieder möglich sein sollte, wenn der Austausch von Wissen und Kultur im Vordergrund steht und nicht die Religion. Eines der berühmtesten Zitate des englischen Mathematikers und Physikers Isaac Newton lautet: »Wenn ich weiter sehen konnte, so deshalb, weil ich auf den Schultern von Riesen stand.« Einige dieser Riesen hat die islamische Kultur im Orient und in Andalusien hervorgebracht. Sie trugen Turban, Vollbart, weite Pluderhosen und islamisierten das Abendland mit der Leitkultur des Hinterfragens, der Analyse und der offenen Debatte, in der unterschiedliche Meinungen ausdrücklich erwünscht waren. Und das zu einer Zeit als die mitteleuropäischen Areale der späteren besorgten und wütenden Bürger hauptsächlich von Wäldern bedeckt waren.

TULIPAN ODER »EIN TROTTEL UND SEIN GELD – DIE BLEIBEN NICHT LANGE ZUSAMMEN!«

Die Tulpe ist ein Missverständnis, kein florales, sondern ein linguales. Eigentlich hätte die Tulpe »lâle« heißen müssen, mit langem »a« und kurzem »e« gesprochen. Vielleicht machte der osmanische Guide keinen guten Job, vielleicht hörte der Gesandte aus Flandern nicht richtig zu oder er schielte. Irgendetwas ging auf jeden Fall bei der Verständigung schief und deshalb nannten die Deutschen später die ihnen bis dato unbekannte Blume kurz und bündig »Tulpe«, die Engländer distinguiert »Tulip«, die Franzosen kokett »Tulipe« und die Italiener melodiös »Tulipano«.

Zu verdanken haben wir den Übermittlungsfehler (Achtung Schüttelreim!) einem Flamen mit schönem Namen, Ogier Ghislain de Busbecq und seinen türkischen Kontaktpersonen. Im Auftrag des Habsburger Kaisers Ferdinand I. machte sich de Busbecq im Jahr

1554 auf den Weg in die Kapitale des Osmanischen Reiches. Er sollte in Istanbul einen Waffenstillstand mit Süleyman dem Prächtigen aushandeln. Es ging um den Zankapfel Ungarn, den beide Großreiche für sich beanspruchten. De Busbecq schaffte es bis nach Istanbul, aber nicht zu Süleyman, der zu der Zeit in Anatolien unterwegs war. Nach mehreren Wochen des Hinterherreisens und Wartens wurde dem Gesandten schließlich eine Audienz gewährt und ein halbjähriger Waffenstillstand beschlossen. De Busbecq reiste mit einigen Tulpenzwiebeln und anderen Pflänzchen im Gepäck, die er als Geschenk erhalten hatte, nach Wien. Kein Jahr später kam er erneut, diesmal als Botschafter, nach Istanbul zurück und blieb für sechs Jahre.

Über seine Zeit im Osmanischen Reich verfasste er vier Briefe in lateinischer Sprache, die es zu Berühmtheit brachten, weil es bis dahin kaum europäische »Insider«-Berichte über das Leben im Osmanischen Reich gab. Es ist nicht sicher, ob er die Briefe in »Echtzeit«, also tatsächlich während seiner Jahre in Istanbul oder erst danach verfasste, aber seine Reisetagebücher erzählen ausführlich und mit einer relativen Offenheit und Unbefangenheit von Land, Leuten und Kultur, die zumindest für jene Epoche bemerkenswert ist. Eine Zeit, in der regelmäßig vor der »Türkengefahr« gewarnt wurde – nicht zu Unrecht, denn Süleyman hatte 1529 versucht den »goldenen Apfel« Wien zu erobern – und Päpste immer wieder die »Christenheit« vergeblich zum Heiligen Krieg gegen die »Muselmanen« riefen. Im ersten Brief schildert er seinen ersten Trip, unter anderem das Teilstück zwischen Adrianopel (das heutige Edirne) und der osmanischen Kapitale:»Nach einem Tage Aufenthalt in Adrianopel rückten wir gegen das schon nahe Konstantinopel vor, die letzte Etappe unserer Reise. Auf dem Weg durch diese Landschaft bot man uns überall eine üppige Fülle von Blumen, Narzissen, Hyazinthen und die, welche die Türken Tulipan nennen.« Nannten sie nicht. Vielleicht zeigte de Busbecq auf einen Osmanen, in dessen Turban eine einzelne Tulpe steckte, was damals en vogue war und der Übersetzer dachte, der Fremde will wissen, wie das Ding auf dem Kopf des Landsmanns heißt und antwortete:»Türban« oder »Tülbent«. Tülbent nennt man den Stoff, aus dem der Turban ist. Vielleicht war es auch anders, aber »Türban« und »Tülbent« kommen »Tulipan« am nächsten. Ab diesem Moment war »Tulipan« in der Welt und machte in Europa Karriere.

Die, der, das »Tulipan« oder »rote Lilie« wie sie ein französischer Zeitgenosse De Busbecqs anders falsch nannte, sollte wenige Jahrzehnte später sehr viele Europäer komplett um den Verstand bringen und in die Gärten des Adels und Klerus integriert werden, aber ursprünglich war und ist die Tulpe eine waschechte Orientalin. Von den über hundert wilden Arten weltweit stammen mit Abstand die meisten aus Zentralasien und dem Kaukasus. Botanisch betrachtet ist die Tulpe der Dschingis Khan unter den Blumen und herrschte über Zentralasien und den Kaukasus wesentlich länger und nachhaltiger als der berühmte Mongole und seine Nachfahren. Sie verbreitete sich in jede Himmelsrichtung und ließ sich weder von Bergen, noch von Tälern oder Flüssen aufhalten. Nördlich konnte die Tulpe nur Schnee und Eis und südlich erst die Wüste bremsen. Gesegnet mit hübschen Farben und Formen eroberte sie zuerst die Herzen der Perser. Sie waren die ersten, die Tulpen kultivierten und – wie es sich für ein Kulturvolk gehört – die Schönheit der Tulpe in dramatischen Versen besangen, wie etwa der Universalgelehrte Omar Chayyam im 11. Jahrhundert:

In diesem Garten, der erstickt das Gute,
Bring ich mein Leben hin mit trübem Mute,
So wie die Knospe ist mein Herz beengt
Und wie die Tulpe rot von eignem Blute.

Wo aus der Erde Tulpen rot entsprossen,
Ist sicher eines Königs Blut geflossen.
Und wo ein Veilchen aus der Erde blickt,
Hat einst ein holdes Auge sich geschlossen.

Oder lieblich und blumig wie der bekannte Dichter Hafis im 14. Jahrhundert, der posthum Rückert und Goethe zu seinen großen Fans zählte:

Seht, wie auf Tulpenwangen der Tau hell niedersinkt;
Drum bringt mir Wein, o Freunde, Wein,
den man immer trinkt.
Schön ist keine grüne Wiese, keine Luft in Hainen,
Wenn nicht Liebchen dort mit Wangen, Tulpen gleich,
erscheinen.

Steigt des Weines lichte Sonne aus des Bechers
Ost empor,
Bringt die Wangenflur des Schenken tausend Tulpen
schnell hervor;

In den Kanon persischer Aphorismen wurde die Tulpe
natürlich auch aufgenommen:

Der Kamin ist das Tulpenbeet eines Wintertages.

Schenkte ein Perser seiner Herzensperserin eine
Tulpe, kam das einer ultimativen Liebeserklärung
gleich und das Herz des Anschmachtenden brannte
lichterloh! Von den Iranern übernahmen die Türken
die Liebe zur Tulpe, ihren Namen »lâle« und auch den
Hang zur blumenlastigen Poesie. Sultan Mehmet II.
(reg. 1451–1481) tobte sich nach der Eroberung Konstantinopels als Stadtplaner und Landschaftsarchitekt
ordentlich aus. Er ließ den Topkapi-Palast auf einen
der sieben Hügel Konstantinopels erbauen. (Sieben
Hügel sind für alle Weltstädte mit ruhmreicher Vergangenheit vorgeschrieben, siehe Rom.) Dazu ließ er
ein Dutzend Gartenanlagen aus dem Boden stampfen
und ein Heer von fast tausend Gärtnern betreute die
Sultansgärten, in denen unter anderem Tulpen wuchsen. Auf den Märkten der Stadt durften die Untertanen die Blumen dann käuflich erwerben.

Einer der berühmtesten »Häupter des Islam« im Osmanischen Reich, Ebussuud Efendi (1490–1573) war
zugleich einer der ersten professionellen Tulpenzüchter. Belesen, mehrsprachig, die höchste theologische

Autorität während der Herrschaft Süleymans, des Prächtigen und ein Jurist par excellence. Süleyman verdankt seinen Beinamen »Kanuni« (»der Gesetzgebende«) vor allem Ebussuud, dessen religiöse Gutachten oft direkt zu Gesetzen umgewandelt wurden. Für den facettenreichen Charakter Ebussuud waren Aleviten, Jesiden und religiöse Sekten Häretiker, die es zu bekämpfen galt, denn sie waren die staatliche Ordnung zersetzende Ungläubige. Zugleich hatte er aber keine Probleme dem Sultan öffentlich zu widersprechen, wenn er der Ansicht war, den Untertanen würde mit einem herrschaftlichen Erlass Unrecht geschehen. Auch die Legalisierung des Kaffeegenusses, der bis dahin von der religiösen Kaste misstrauisch beäugt wurde, geht auf Ebussuud zurück. Offensichtlich barst der Mann nur so vor Tatendrang, denn mit seinen vielfältigen staatsmännischen Aufgaben und der Juristerei war er nicht ausgelastet und so züchtete er auch noch Tulpen. Angeblich gehen 300 verschiedene Tulpenvariationen auf ihn zurück, die er selbstverständlich auch selbst benannte. Seine bekannteste Züchtung nannte er *Nur-u Adn*, »Licht des Paradieses«.

Die Tulpe entwickelte sich zum botanischen Nationalsymbol der Osmanen und sobald etwas verziert, illustriert oder bemalt werden sollte, war die Tulpe nicht weit. Tulpenabbildungen zierten Kacheln, Teppiche, Ornamente, Kaftane, Tücher, Miniaturen und Vasen. Auch Murad IV. (reg. 1623–1640) war ganz vernarrt in die Blume. Unter seiner Herrschaft hievten türkische Botaniker die Tulpenzüchtung auf eine neue Stufe. Murad IV. setzte Kommissionen zur Bewertung neuer

Arten ein, es wurden Listen geführt, Kriterien festgelegt, wann man tatsächlich von einer neuen Züchtung sprechen durfte, und nur die besten neuen Arten wurden mit einem eigenen Namen bedacht. Im Gegensatz zu ihren europäischen Kollegen, die bunte Tulpen mit runden Blättern für das non plus ultra hielten, sollte die perfekte »osmanische Tulpe« einen langen Stil und dolchförmige, spitz zulaufende Blätter in einer einzigen durchgehenden Farbe haben. Während der sogenannten »Tulpenära« Anfang des 18. Jahrhunderts erlebte die osmanische »Tulipomanie« ihren Höhepunkt. Ermöglicht wurde die knapp fünfzehn Jahre dauernde und in vieler Hinsicht rauschhafte Ära durch Ahmed III. (reg. 1703–1730). Mehr Hedonist und Partylöwe als Feldherr und strenger Regent ließ er es ordentlich krachen.

Eine Rebellion hatte Ahmed III. auf den Sultansthron gespült. Ursachen des Aufstandes waren die, die für jedes Großreich, das sich im schleichenden Niedergang befindet, typisch sind: Gebietsverluste, versiegende Einnahmen, Verschlechterung der Lebensverhältnisse für die Bevölkerung, Staatsangestellte, die ihren Lohn nicht bekommen, Landflucht und natürlich ausgeprägter Nepotismus der Herrschenden. Gegenüber den Rebellen, die ihn an die Macht gebracht hatten, gab sich Ahmed III. zunächst konziliant und schien auf ihre Forderungen einzugehen. Sobald er aber seine Herrschaft gefestigt hatte, ließ er die führenden Köpfe der Rebellion rollen. Der bis dahin größte Aufstand in der Geschichte des Osmanischen Reiches mit einem Rebellenheer von zeitweise 80.000 Mann verpuffte relativ folgenlos. Die nur wenige Jahre gefährdete alte feudale Ordnung wurde wiederhergestellt. Im ersten Jahrzehnt seiner Herrschaft musste sich Ahmed III. eher widerwillig mit Außenpolitik herumschlagen. Genauer gesagt ließ er seine Großwesire mit wechselndem Erfolg ein paar Kriege gegen Konkurrenzmächte führen. Als an den vielen Grenzen des zwar sukzessive schrumpfenden aber immer noch großen Reiches einigermaßen Ruhe war, hieß es für ihn: Let´s go party! But with Tulip!

Natürlich organisierte Gottes Schatten auf Erden die Festlichkeiten nicht selbst, dafür war der von ihm selbst eingestellte Eventmanager zuständig: Ibrahim Pascha, Schwiegersohn des Sultans, intelligent, gebildet, feingeistig, extrovertiert und genauso genusssüchtig wie sein Schwiegervater. Nebenberuflich war er auch noch Großwesir, der Regierungschef des Staates. Zuerst kümmerte man sich um die Dekoration und ließ dafür Millionen von Tulpenzwiebeln aus Holland importieren. Neue Gärten wurden angelegt, alte ausgebaut, Fensterläden, Promenaden und auch sonst die Stadt mit Tulpen zugepflastert. Es wurden Wettbewerbe zur Tulpenzucht organisiert, die besten neuen Sorten ausgezeichnet und illustrierte Bücher verfasst. Der oberste Gärtner Scheich Mehmed schrieb zwei Werke zum Thema, eins mit dem schönen Titel *Mizan al-azhar*, »*Gleichgewicht der Blumen*«. In seinen Schriften listete er mehr als 1300 Tulpenarten auf. Sogar zwei Züchterinnen soll es damals gegeben haben. Alle, die es sich leisten konnten, waren im Tulpenfieber. Die Preise für begehrte Tulpenzwiebeln gingen dermaßen durch die Decke, dass die Regierung Höchstpreise festsetzte, um allzu wilde Spekulationen zu verhindern. Für Sultan Ahmed III. und seinen Zeremonienmeister Ibrahim Pascha gab es immer genug Anlässe für ausschweifende, nächtliche Open-Air-Partys am Bosporus, alle im Zeichen der Tulpe. Auf dem riesigen Gelände des Çırağan-Palastes (heute ein Kempinski-Luxushotel) wurden Tulpen illuminiert, überall hingen Lichter und vergoldete Käfige, in denen tausende Vögel zwitscherten, Dichter trugen ihre Verse vor, man speiste exquisit und durch die Gärten liefen Schildkröten, auf deren Panzer brennende Kerzen befestigt waren.

Zur kalten Jahreszeit verlegte man die Events dann in die herrschaftlichen Paläste, die Open-Air-»Tulpenfeste« wurden nahtlos von den Indoor-»Helva-Festen« abgelöst. Helva, eine orientalische, traditionelle Fett-Zucker-Bombe, wurde zum Höhepunkt jedes Gelages den Gästen auf Kupfertabletts serviert. Man saß nach französischem Vorbild auf flauschigen Sesseln und nicht mehr auf dem Diwan, spielte Schach, philosophierte über Literatur, Musik und Tanz, natürlich bei kulinarischer Dauerversorgung. Verglichen mit den epischen Feiern der Tulpenära wirkt jedes Techno-Festival wie das nüchterne Meet & Greet eines Maschinenbauherstellers, der in einer zugigen Messehalle seinen Gästen kalte Schnittchen anbietet. Manchmal feierte man eine Woche durch, manchmal sogar einen ganzen Monat, man feierte unter anderem den Ramadan-Anfang im Frühling und gern das

Ramadan-Ende. Praktischerweise hatte Ahmed III.

einunddreißig Prinzessinnen und Prinzen gezeugt. Also wurden die Beschneidungen der kleinen Prinzenscheißer standesgemäß gefeiert und später ebenso die Hochzeiten aller Sultanskinder. Nach der Party war immer vor der Party! Damit keine Langeweile aufkam, musste sich Ibrahim Pascha mit jedem Fest selbst übertreffen und Neues aufbieten. Offensichtlich mit großem Erfolg, denn Sultan und Großwesir huldigten einander mit pathetischen Liebesversen und Treueschwüren.

Ja, ja, und wer zahlte die Zeche? Der kleine Mann! In diesem Fall, die kleine Osmanin und der kleine Osmane, denn die ausschweifenden und immer kostspieligeren Feste waren der Oberschicht vorbehalten. Der Rest glotzte nur in den dekorierten und illuminierten Tulpengarten der Wohlhabenden und manche Nachahmer aus der dünnen Mittelschicht ruinierten sich bei dem Versuch, es den herrschaftlichen Vorbildern gleichzutun. Der religiösen Kaste waren die Tulpenevents ein zunehmend größerer Dorn im Auge. Sie fürchtete um die Moral, hatte der Großwesir zum Spaß der Leute tatsächlich doch Schaukeln bauen lassen, auf denen sogar Frauen vor den Augen lüsterner Männer kokett hin- und herschaukelten! Spätestens bei schaukelnden Frauen in aller Öffentlichkeit platzte den religiösen Würdenträgern aber der Turban! Um die Dauerparty zu finanzieren erhöhte Großwesir Ibrahim Pascha die Steuern für die Untertanen, dazu vergrätzte er mit seiner anvisierten Militärreform die nicht mehr ganz so elitäre und schlagkräftige Truppe der Janitscharen. Außenpolitisch brauten sich ebenfalls dunkle Wolken zusammen. Die beiden obersten Hedonisten des Staates, Ahmed und Ibrahim, saßen auf einem Pulverfass. Und ignorierten es.

Der Funke, der das Pulverfass zur Explosion und eine erneute Revolte gegen die Machthaber in Bewegung setzte, waren schwere Niederlagen gegen die Perser. Unter der Führung Nadir Schahs eroberte die persische Armee Gebiete im Norden und Westen Irans zurück und massakrierte die türkische Garnison von Hamadan. Ibrahim Pascha versuchte die Gebietsverluste und das Massaker geheimzuhalten, vergeblich. Angeführt wurde der Aufstand gegen die Hohe Pforte von Patrona Halil, einer ebenso illustren wie dubiosen Figur. Halil stammte aus Albanien, war Seefahrer der osmanischen Flotte und danach im bulgarischen Vidin stationiert. Dort war er schon in eine kleinere Revolte verwickelt, flüchtete nach Istanbul, um der Bestrafung zu entgehen und lebte eine Weile under cover. Er arbeitete als Verkäufer, Hilfskraft und Bademeister im Hamam. Gelenkt und unterstützt von zwei stockkonservativen Männern der religiösen Kaste, dem Imam der Hagia Sophia und dem Richter von Istanbul und mit rund 2000 Aufständischen im Rücken, verlangte Patrona Halil den Kopf von Ibrahim Pascha und die der beiden Schwiegersöhne des Wesirs. Um die eigene Haut und seinen Thron zu retten, ließ Ahmed III. seinen Bruder im Geiste und dessen Schwiegersöhne im Morgengrauen erdrosseln und den Rebellen die Leichen auf einem Ochsenkarren übergeben. Ahmeds Verrat an seinem Großwesir, dem er in Versen Kränze geflochten hatte, rettete seinen

Thron nicht, die Aufständischen hatten Blut geleckt und verlangten dazu noch seine Abdankung und bekamen sie.

Mit der Inthronisierung seines Neffen Mahmud I. am 2. Oktober 1730 endete eine der schillerndsten Epochen des Osmanischen Reiches, die »Tulpenzeit«. Sultan Ahmed III. und Großwesir Ibrahim Pascha als dekadente Partylöwen zu brandmarken, die auf Kosten des Volkes ausufernde Feste feierten, wäre dennoch nicht gerecht. Vor allem Ibrahim Pascha tat sich als Förderer von Kunst und Kultur hervor, unter seiner Regie wurde der Buchdruck endlich offiziell im Reich eingeführt. Er unterstützte Musiker und Dichter, öffnete das Reich für kulturelle Einflüsse aus Europa, unterband den Verkauf wertvoller historischer Manuskripte ins Ausland, eröffnete Bibliotheken und förderte auch andere Wissenschaften wie die Medizin. Auch Ahmed III. war mehr als der weltfremde Hedonist auf dem Thron eines Weltreiches, er war ein versierter Kalligraph, Hobbypoet und passionierter Architekt, ließ Paläste, Moscheen, Mausoleen und Pavillons bauen und Gärten und Promenaden anlegen. So wie der bayerische Märchenkönig Ludwig II. mit seinen Bauprojekten fast die Staatskasse ruinierte, dafür aber Schlösser hinterließ, die Bayern bis heute Millionen an Einnahmen bringen, ermöglichten die beiden Protagonisten der Tulpenära kulturelle Güter und Bauwerke, die bis heute Bestand haben. Und sie verankerten die Liebe und Hingabe zur Tulpe endgültig im kollektiven Gedächtnis ihrer Landsleute.

Wie erwähnt hatten auch die Europäer einen Narren an der Tulpe gefressen, insbesondere Holländer und Franzosen, allerdings bereits ein Jahrhundert früher. Und das »Gefressen« ist wörtlich zu nehmen, denn einige der ersten Tulpenzwiebeln, die etwa Mitte des 16. Jahrhunderts aus dem Osmanischen Reich in Europa ankamen, wurden von den Empfängern tatsächlich gegessen, weil man sie für Gemüsezwiebeln hielt! Ein botanisch etwas unterbelichteter Händler aus Antwerpen hatte 1562 Textilien und die Tulpenzwiebeln per Schiff aus Istanbul erhalten und die »Gemüsezwiebeln« geröstet, gewürzt und gegessen, mit übersichtlichem Genuss. Selbst der Botaniker Carolus Clusius, eine zentrale Figur bei der Verbreitung der Tulpe in Westeuropa, hatte erstmal Tulpenzwiebeln in Zucker einlegen lassen und danach als Dessert verspeist. Sein fachkundiges Urteil: Schmecken besser als in Zucker eingelegte Orchideenwurzeln! Schließlich kamen die Abendländer doch noch auf den Trichter, pflanzten die Tulpenzwiebeln im Garten ein und waren von der orientalischen Blume dann ganz verzückt, obwohl sie weder als Vor- noch als Nachspeise viel taugte.

»Wer war der Erste?« Auch bei der Tulpe lässt sich diese Frage nicht mit Sicherheit beantworten. Ogier Ghislain de Busbecq behauptete, er habe die Tulpe als Erster in Europa eingeführt. Wahrscheinlich ist es, verbürgt jedoch nicht. Bekannt hingegen ist das erste schriftliche Zeugnis, in dem von der Tulpe berichtet wird. Der Eidgenosse und Universalgelehrte Conrad Gessner, unter anderem Philologe, Blumenfachmann, Mediziner und Enzyklopädist (als Pflanzenkundler nannte er sich geheimnisvoll: Gesner), erwähnt in einer seiner Schriften samt Abbildung, er hätte im Frühjahr 1559 die Tulpe im Garten des Augsburger Patriziers Johann Heinrich Herwart gesehen und der Samen sei aus dem Türkenreich importiert worden. Er nannte die rotblättrige Tulpe *Tulipa turcarum*.

Auf welchem Wege der Bankier und Musikaliensammler Herwart an die Blume kam, erzählt Gessner nicht. Verbürgt ist ebenfalls die Bekanntschaft zwischen De Busbecq und Carolus Clusius (Botanikkürzel, noch mysteriöser: CLUS), die beide aus Flandern stammten und zeitweise für denselben Chef arbeiteten, den habsburgischen Kaiser. Der Diplomat ließ seinem Landsmann und floralen Mastermind vermutlich auf kurzem Dienstweg ein Grundset aus Tulpenzwiebeln und Samen zukommen, mit dem Clusius den kaiserlichen Garten in Wien verschönern sollte.

Wollte man den idealen humanistischen Europäer basteln, käme sicher ein Mann wie Carolus Clusius (1526–1609) heraus. Geboren als Charles de l'Écluse im damals flämischen Arras, studierte er Medizin, Philosophie und Jura querbeet in Städten wie Gent, Löwen, Montpellier, Marburg, Paris und bei dem protestantischen Reformator und *Praeceptor Germaniae*, dem »Lehrer Deutschlands«, Philipp Melanchthon, in Wittenberg. Carolus Clusius war mehrsprachig, machte nach der Ausbildung eine zweijährige Forschungsreise auf die Iberische Halbinsel, um dort alle möglichen Kräuter, Sträucher und Pflanzen zu sammeln und er war zeitlebens international mit vielen anderen Kollegen vernetzt. Dazu gehörte er zu den Mitbegründern der Mykologie, der Pilzkunde. Vor allem war er ein großer Fan der Tulpe. Clusius war einer der ersten professionellen Tulpenzüchter im Abendland und packte seinen Briefen an Kollegen gerne Tulpenzwiebeln samt Anleitungen zur Bepflanzung bei. Sein Interesse an der Züchtung war wissenschaftlich, auch wenn er als Tulpenliebhaber mit Argusaugen über seine besten Tulpenkreationen wachte. Interessenten boten ihm hohe Summen für die Züchtungen an, aber er weigerte sich zu verkaufen. Carolus Clusius war nicht käuflich, andere schon. Diebe klauten seine Pflanzen und verscherbelten sie an die Meistbietenden. Als er 1593 nach beruflichen Stationen in Wien, Güssing und Frankfurt am Main mit knapp 70 Jahren eine Professur im holländischen Leiden antrat, war die Tulpe in den Gärten reicher Holländer und anderer Mitteleuropäer längst angekommen. Andere Interessenten mit der nötigen Kaufkraft und kommerziellen Interessen hatten sich auf legalem Wege ebenso von den Osmanen mit Zwiebeln und Samen beliefern lassen, denn je bekannter die Tulpe wurde, desto beliebter wurde sie.

Schon Mitte des 17. Jahrhunderts war sie zur Modeblume Nummer eins geworden. Man fand Tulpen in den Gärten italienischer Herzöge, deutscher Markgrafen, englischer Lords und französischer Kardinäle. Die Tulpe war schön, exotisch, kam aus dem tiefsten Orient und hatte eine geheimnisvolle Aura, weil niemand eine Ahnung hatte, wie und warum eine Tulpe plötzlich über Nacht ihre Farbe ändern konnte und vor allem, wie die in Westeuropa heiß begehrten andersfarbigen Streifen und Muster auf die Blätter kamen. Natürlich lud dieses Rätsel Möchtegernexperten und Quacksalber zu Erklärungsversuchen ein. Alchimisten und andere Hobbybotaniker boten Mittel und Anleitungen an, wie man der Tulpe andere Farben und die wertvollen Streifen verpassen konnte. Von abstrusen Tinkturen bis Taubenmist als Dünger wurde alles empfohlen und wenn es nicht funktionierte, lag es selbstverständlich am unbedarften Züchter selbst, der das Mittel nicht korrekt gemischt und benutzt hatte. Oft war das Wissen um die Streifen und Farben so geheim, dass es zur Ehre des Alchimisten gehörte, dieses Geheimnis zu wahren. Damit es weiterhin ganz, ganz geheim und den Auserwählten vorbehalten blieb ...

Erst im 20. Jahrhundert konnte man das Rätsel um die »spontanen« Farbänderungen und Streifen lösen. Schuld ist ein Virus, das »Tulip Breaking Virus«, das von Blattläusen übertragen wird. Wenn es die Tulpenzwiebel befällt, »blockt« es deren Einfarbigkeit und sorgt für die schönen, andersfarbigen Muster und Streifen. Zugleich schwächt das Virus aber die Pflanze und erschwert die Weiterzüchtung. Und die wenigen Nachzüchtungen weisen dann zwar ähnliche Muster auf, aber eben nicht dieselben. Das Virus war die große Unbekannte, ein genetisches Los in der Tulpenlotterie, wenn sie eine Tulpe befiel, sorgte sie für einmalige und nicht reproduzierbare Farben und Muster. Was sie in den Augen der Züchter und reichen Liebhaber umso wertvoller machte und ihnen den Kopf verdrehte.

Zuerst drehten die Franzosen durch. Reiche Frauen stolzierten mit einem kleinen Tulpenstrauß im Dekolleté umher, ein Müller tauschte seine Mühle gegen eine besonders »wertvolle« Tulpenzwiebel und für die Sorte »Tulipe Brasserie« wurde einem Züchter angeblich eine komplette Brauerei angeboten. Ein Bräutigam zog das große Los, wenn er als Mitgift zu seiner Zukünftigen statt Geld, Gold und Schmuck eine kostbare Zwiebel erhielt. Bonzen planierten ihre Gärten mit Tulpen und schmückten damit auch die Innenräume. Tulpenzucht wurde zum exklusivem Hobby, Bücher wurden verfasst und Fachtermini zur Beschreibung und Bewertung neuer Varietäten entwickelt. Das »Tulip Breaking Virus« infizierte das ganze Land, es war im Tulpenfieber. Und es hatte schon zum nördlichen Nachbarn Holland übergegriffen und sollte dort für den ersten Börsencrash der Geschichte sorgen.

Über die Ursachen der niederländischen Tulpenmanie zwischen 1634 und 1637 gibt es viele nachvollziehbare Vermutungen, aber befriedigend erklären können sie die kollektive Raserei und den großen Knall am Ende nicht. Sicherlich spielte Gier eine große Rolle, der Wunsch, auf einen Schlag reich zu werden und auch der Ostindienhandel, der Amsterdam als wichtigem Umschlagplatz und vielen seiner Bewohner Reichtum gebracht hatte. Aber das würde nicht erklären, warum selbst Arbeiter, Bauern, Handwerker, Metzger, Geistliche und sogar Schweinehirten sich hoffnungslos verschuldeten, um beim Tulpenhype mitzumischen. Vielleicht spielte auch der gleichzeitig tobende, Dreißigjährige Krieg eine Rolle, nach dem Motto: Tanzen wir noch eine Weile auf dem Vulkan, bevor er auch uns in die Luft jagt. Es bleiben Theorien. Auf jeden Fall wurde eine kostbare Tulpe zum Statussymbol aller Leute, die es »geschafft« hatten oder es unbedingt schaffen wollten, es war das SUV der damaligen Zeit.

Anfangs züchteten betuchte Hobbygärtner und Wissenschaftler wie Carolus Clusius in Holland Tulpen, aber je bekannter und beliebter Tulipan wurde, desto mehr Leute witterten das große Geschäft. Sie pachteten Land und wurden selber zu Züchtern. Es entwickelte sich eine regelrechte Tulpenindustrie, die für jedes Preissegment Angebote im Repertoire hatte. Für die einfachen Leute gab es die schlichte, einfarbige Variante und für die interessierte Oberschicht die sündhaft teure gestreifte Variante. Die billigen Sorten konnte der Pöbel per Selbstabholer direkt bei der Gärtnerei erwerben, für die exklusiven Sorten ließen die Züchter sogar Bildbände von mittelklassigen Malern herstellen, um der reichen Kundschaft noch mehr Gulden aus der Tasche zu ziehen. Denn die zu Wohlstand gekommenen Kaufleute legten gerne außerhalb Amsterdams nach dem Vorbild des französischen und italienischen Adels repräsentative Gärten mit den prächtigsten Blumen an, um ihren Reichtum dezent zur Schau zu stellen.

Zwischenhändler stiegen ein, die mit Botanik und Tulpenzüchtung nichts am Hut, aber genug Geld für An- und Weiterverkauf hatten. Sie trafen sich in Kneipen und veranstalteten Auktionen, kauften Tulpenzwiebeln, die noch in der Erde des Züchters oder in irgendeinem Garten steckten und verkauften sie natürlich zu einem noch höheren Preis weiter. Sie saßen stundenlang zusammen, aßen und tranken fürstlich und spekulierten. Sie kauften die Option auf eine Zwiebel, aus der vielleicht eine Tulpe mit schönen Streifen und Mustern wachsen würde. Oder nicht. Wichtig war nur, dass der nächste Käufer, dem man die Option weiterverkaufte, daran glaubte, beziehungsweise daran glaubte, den nächsten Käufer zu finden, der daran glaubte. So konnte eine begehrte Zwiebel, die kein Käufer mit eigenen Augen gesehen und angefasst hatte, bei einer Auktion zehn Mal den Besitzer wechseln. In der hitzigsten Phase der Tulpenmanie kostete die Zwiebel einer bestimmten Züchtung so viel wie ein Haus im teuersten Viertel Amsterdams. Als gewiefter Händler konnte man an einem Tag durch An- und Verkauf mehr Geld als ein Handwerker im ganzen Jahr verdienen. Man musste nur einen Deppen finden, der bereit war, noch mehr Geld für die Zwiebel auszugeben. Später würde die Tulpe ja mit ihren tollen Streifen und kräftigen Farben garantiert durch die Decke gehen und ganz Amsterdam oder Haarlem würde sich um sie reißen.

Irgendwann stockte dann aber der Deppen-Nachschub und der erste Händler blieb auf seinen Tulpenoptionen sitzen und dann der nächste. Das Tulpenkarussell kam zum Stehen, weil es plötzlich mehr Verkäufer als Käufer gab. Panisch versuchten Broker und Hobbybroker zu retten, was noch zu retten war. Sie verkauften so schnell es ging, egal zu welchem

Preis. Angebot und Nachfrage verkehrten sich und die Preise stürzten in den Keller. Der kollektive Spuk war vorbei und hinterließ ruinierte Spekulanten aus allen Bevölkerungsschichten, die jammerten und nach dem Staat riefen, um ihre herben Verluste irgendwie kompensieren zu lassen. Auch bei diesem Punkt war die erste Spekulationsblase der Geschichte stilgebend, denn egal ob es um Tulpe, T-Aktie, Immobilien oder Bitcoin geht: Gier und Profit sind Privatsache, der Verlust soll aber Staatssache sein. Für Einzelne endete der Tulpenrausch desaströs, aber für das Land insgesamt hatte der Crash keine gravierenden Folgen, dafür war Holland und allen voran Amsterdam wirtschaftlich und finanziell zu gut aufgestellt.

Die manische Tulpenliebe und der Tulpenrausch brachten auch Profiteure hervor: Die holländische Malerei erlebte einen bis dahin nicht gekannten Boom und etliche Künstler produzierten im Auftrag reicher Herren und Tulpenbesitzer Stillleben nach dem Vorbild großer Maler wie Jan Brueghel (1568–1625) und Ambrosius Bosschaaert (1573–1621). Denn wer was auf sich und seine kostbare Tulpe im Garten hielt, ließ sie auf der Leinwand verewigen und oft war sogar das Tulpenstillleben eines versierten Malers günstiger als die kostbare Zwiebel der abgebildeten Tulpe: Wenn schon nicht im Garten, dann wenigstens an der Wand! Vor dem Rausch waren aber auch Künstler nicht gefeit. Der Landschaftsmaler Jan van Goyen wollte im Jahr 1637, auf dem Peak des überhitzten Handels, mitmischen und deckte sich mit Zwiebeln zu abenteuerlichen Summen ein und bezahlte sie mit seinen

Gemälden, Geld und Schuldscheinen. Er starb als armer Tropf.

Holland blieb Tulpenland, stellte die Züchtung auf gesunderen Boden und belieferte weiterhin halb Europa mit Tulpen und anderen Blumen. Später lieferten sie auch in die neue Welt und die Züchter lachten sich ein knappes Jahrhundert nach der eigenen »Tulipomanie« garantiert ins Fäustchen, als aus dem Osmanischen Reich, aus dem die Tulpe zu ihnen gekommen war, die Bestellung über Millionen von Zwiebeln einging. Immer noch sind die Niederlande der größte Schnittblumenhersteller der Welt und die meisten Schnittblumen in Deutschland, vor allem Tulpen, kommen aus Holland. Denn die Blume, die eigentlich »lâle« heißen müsste und nicht Turban, ist nach der Rose die beliebteste der Deutschen und so günstig zu erwerben, dass man sich die astronomischen Preise und den Hype um diese schöne Orientalin kaum noch vorstellen kann. Okay, den Hype um die »Volksaktie« oder um eine Kryptowährung konnten man sich damals auch nicht vorstellen. Vermutlich ist die Sucht nach der Abkürzung zum Reichtum universell und unausrottbar, auch wenn sie nicht alle befällt. Immun war auch der alte Amsterdamer Kupferstecher Claes Janz, der 1614, also dreiundzwanzig Jahre vor dem großen Knall, zwei schöne Tulpen abbildete und dem Stich folgenden Titel gab: »Ein Trottel und sein Geld – die bleiben nicht langen zusammen«.

PFEFFER UND PFEFFERSÄCKE

Je länger die Pfeffermühle, desto kleiner der Italiener.

Gastronomische Weisheit

Wir sind Weltmeister im Autobauen, Großprojekte stemmen, Steuerreform reformieren, im Evaluieren, Meditieren, Hyperventilieren und – im Würzen. Wir würzen, was das Zeug hält und der Magen aushält. Nur US-Amerikaner verbrauchen noch mehr geschmacksverbessernde Pulver, Körner, Blätter und Kräuter. Unser Lieblingsgewürz ist mit großem Abstand der Pfeffer. Vermutlich tun ihn die wenigstens von uns in den Kaffee, wie es der Alte Fritz zu machen pflegte, oder lassen sich post mortem Pfefferkörner in Nasenlöcher und Bauch stecken, wie es im alten Ägypten der Pharao und Pfefferfanatiker Ramses II. ante mortem verfügte. Wahrscheinlich sollte der Lebensodem, der durch das Riechorgan hineinkam, vom Duft des Gewürzes angezogen werden – Pfeffer als Lockmittel zur Reanimation. Wir würden wohl auch nicht unsere Gäste mit knapp 200 Kilo Pfeffer bewirten wie Karl der Kühne (1433–1477) bei seiner dritten Hochzeit. Warum der seinerzeit megareiche Herzog von Burgund das tat? Weil er es konnte. Ansonsten aber pfeffern wir grundsätzlich alles, auch extravagante Desserts. Kein Gericht, das vor dem Würzen mit schwarzem, weißem oder grünem Pfeffer sicher wäre. Schmeckt etwas fad oder gar nicht, mit Pfeffer schmeckt es meistens, mit Pfeffer und Salz fast immer.

Hobbyköche und andere kulinarische Klugscheißer wissen natürlich, dass alle drei *Piper-nigrum*-Sorten von ein- und derselben Pflanze stammen und ihre verschiedenen Farben und Aromen nur durch den unterschiedlichen Zeitpunkt der Ernte und der anschließenden Verarbeitung bekommen. Am frühesten wird der grüne Pfeffer geerntet. Die noch sehr unreifen Früchte vom grünen Pfefferstrauch werden indoor entweder getrocknet oder eingelegt und behalten dadurch ihre grünliche Farbe. Schwarzer Pfeffer wird unreif geerntet und bekommt durch die Outdoor-Veredelung und Trocknung an der Sonne seine Farbe. Für den später weißen Pfeffer werden die reifen Früchte vom Strauch gepflückt und in Wasser eingeweicht, bis sie Schale und Fruchtfleisch verlieren und nur noch der weiße Samen übrigbleibt.

Über Schärfe und Aroma der drei Sorten gibt es die blumigsten Beschreibungen, die so bestechend nachvollziehbar sind, wie die Standardphrase von Weinkennern:»Hm … mild und rund im Abgang.« Es genügt zu wissen, dass am häufigsten der schwarze Pfeffer verwendet wird und am besten probiert man selbst. Die Hüter des Kenner-Kanons sind sicherlich dankbar für jede weitere poetische Schärfe- und Aromabeschreibungen wie »verleiht dem Gaumen wohlige Schärfe«, »gibt dem Gericht eine herbale Note« oder »hat einen brennend bis warmwürzigen Geschmack«. Vor allem, da bekanntermaßen Schärfe physiologisch nichts anderes als Schmerz auf der Zunge ist. Darüber hinaus gibt es eine Reihe von Gewürzen, die ebenfalls als »Pfeffer« bezeichnet werden, aber mit dem echten Pfeffer vom Pfefferstrauch nichts zu tun haben. Echter Pfeffer ist würzig und scharf, aber nicht alles, was würzig und scharf ist, ist auch Pfeffer. Cayennepfeffer zum Beispiel, der aus Chilischoten gemahlen wird oder Rosa Pfeffer, der von der Frucht des brasilianischen Pfefferbaums stammt und botanisch eine andere Liga als Piper nigrum ist. Oder Mönchspfeffer, auch Keuschlamm genannt, eine Pflanze aus der Gattung *Vitex agnus-castus*, kommt ursprünglich aus der Levante, ist beliebt als Tee bei Damen in der Menopause und bekam die schönen Namen Mönchspfeffer und Keuschlamm (agnus-castus = lamm-keusch) weil die Pflanze bei Mönchen und Nonnen die Libido in Schach halten sollte.

Die schöne und gelegentlich selbstgefällige Hansestadt Hamburg ist zumindest bei Pfeffer und anderen Gewürzen das Haupteingangstor für den Rest der Republik und neben Rotterdam der größte Umschlagplatz für Gewürze in Europa. In der Elbmetropole landen jedes Jahr circa achtzigtausend Tonnen Curry, Paprika, Kardamom, Nelken, Anis oder eben Pfeffer an. Weltweit werden nur an den Häfen New Yorks und Singapurs mehr Gewürze umgeschlagen. Insgesamt führt Deutschland jedes Jahr mehr als neunzigtausend Tonnen ein, davon entfallen allein auf den Pfeffer dreißigtausend Tonnen. Der Hauptabnehmer ist die Lebensmittelindustrie, aber die privaten Haushalte langen auch kräftig zu. Über 400 Gramm Pfeffer verbrauchen die Deutschen jährlich und pro Kopf. Tendenz steigend. Das einst »Schwarzes Gold« genannte Gewürz ist längst zum Massenprodukt geworden. Vorbei die Zeit, in denen Kaufleute, die mit dem Import und Verkauf von Gewürzen, verächtlich, weil beneidet und bewundert, »Pfeffersäcke« genannt wurden.

Mit diesem Wort assoziiert man etwas steife hanseatische Kaufleute. Die ersten deutschen Original-»Pfeffersäcke« gab es aber lange vor den Nordlichtern in Augsburg und Nürnberg. In diesen beiden Städten residierten die Handelsfamilien der Fugger, Welser und Tucher. Sie schickten ihre Kaufleute mit Mauleseln und Ochsenkarren über die Alpen nach Venedig, um sich dort mit Pfeffer einzudecken, denn die Lagunenstadt war jahrhundertelang das europäische Nadelöhr für den Pfefferhandel und verdiente sich als Importmonopolist und alleiniger europäischer Umschlagplatz goldgeschmückte Kirchen und Palazzi. Nicht weniger sagenhaft waren die Gewinne der deutschen Kaufleute, denn sie verkauften das begehrte Gewürz mit bis zu 600% Aufschlag weiter. So erarbeiteten sie sich redlich den Neid und die Verachtung, die ihnen die Beschimpfung als »Pfeffersäcke« einbrachte. Ihre

Kundschaft kam hauptsächlich aus der Oberschicht, für die unteren Stände war das heiß begehrte Gewürz finanziell nicht darstellbar. Die Vornehmen und Reichen nutzten den Pfeffer zunächst nicht zum Würzen von ordinären Speisen, sondern als Potenzmittel und Medizin gegen Verdauungsstörungen. Ihren Gästen servierten sie die kostbaren schwarzen Körner auch als kleinen Snack zwischendurch.

Bevor der Pfeffer die Verdauung des nicht nur im Bauch trägen deutschen Adels in Gang bringen oder seine Libido beflügeln konnte, musste er erstmal um die halbe Welt transportiert werden. Noch heute möchte man so manchen unliebsamen Zeitgenossen »dorthin schicken, wo der Pfeffer wächst«. Er wuchs ursprünglich an der Malabarküste im Südwesten des indischen Subkontinents und wurde von Indern schon um 4000 v. Chr. gezüchtet, angepflanzt und schließlich verkauft. Nach Griechenland gelangte der Pfeffer durch die Feldzüge Alexander des Großen. Seine Soldaten lernten den Pfeffer in Indien kennen, schleppten ihn mit nach Hellas. Laut anderen Quellen war der Pfeffer den Griechen schon vor Alexander als rares, teures Heilmittel und Aphrodisiakum bekannt. Mit der Eroberung Ägyptens, dem damals bedeutenden Umschlagplatz für Gewürze, bescherte Alexander den Griechen auf jeden Fall ein neues Lieblingsgewürz, weil dadurch größere Mengen Pfeffer Hellas erreichten. Nicht anders erging es später den Römern, auch sie verfielen dem neuen exotischen Gewürz und legten sogar für die Reichen und Schönen Lagerräume mit dem exklusiven Pfeffer an. Im Römischen Reich wurde Piper nigrum zum Gewürz Nummer eins. Fast alles, was Römer an Essbarem salzten, pfefferten sie auch. Auch sonst waren die Römer ganz vernarrt in exotische Gewürze und verwendeten sie für alles Mögliche. Sie würzten ihre Weine damit, schliefen auf mit Safran gestopften Kissen, weil sie glaubten, damit den Kater nach ihren Gelagen zu lindern. Legionäre parfümierten sich mit Gewürzen, bevor sie in die Schlacht zogen. Blut und Tod schön und gut, aber dann bitte mit angenehmem Duft in der Nase.

Das Gewürz weckte auch die Begehrlichkeiten der Barbaren im Norden. Schon länger dahinsiechend, wurde Rom 408 u. Z. von dem Westgotenkönig Alarich I. belagert. Zermürbt und ausgehungert wollten die Römer die Plünderung der Stadt verhindern und zahlten Alarich eine Tonne Gold, eineinhalb Tonnen Pfeffer, dazu teure Klamotten aus Leder und Seide. Alarich beendete die Belagerung und zog mit fetter Beute ab, um zwei Jahre später die Ewige Stadt dann doch drei Tage lang zu plündern. Die Römer waren schockiert, schließlich hatten *sie* die letzten 800 Jahre belagert, erobert, geplündert und unterworfen. »Was erlauben Alarich?«, riefen die Urahnen der italienischen Trainerlegende empört. Doch es half alles nichts, Rom war am Ende und damit auch die Einfuhr von Gewürzen. Ihre eigenen Schiffe hatten immer größere Mengen davon von Indiens Westküste ans Rote Meer und damit ins Römische Reich gebracht. Mit dem Ende des Römischen Reiches kam auch der Handel mit exotischen Gewürzen völlig zum Erliegen. Europa wurde fad.

Vor den Römern hatten jahrhundertelang arabische Händler mit Karawanen und später mit Schiffen Gewürze von Indiens Küsten nach Arabien und an die östliche Mittelmeerküste transportiert und weiterverkauft. Ihren europäischen Abnehmern hatten sie die schönsten Schauermärchen über die Herkunft der kostbaren Aromen aufgebunden, denn die Kunden sollten nicht auf die Idee kommen, selber nach den exotischen und teuren Gewürzen zu suchen. Im fünften Jahrhundert v. Chr. ließen sie den antiken Geschichtsschreiber Herodot glauben, Zimt würde nur an einer Gebirgskette in Arabien wachsen und von bösartigen Greifvögeln bewacht werden, die ihre zimtvollen Nester an den steilen Hängen hätten. Die Araber würden große Stücke Eselsfleisch als Köder auslegen, die die Raubvögel aufpicken und zu ihren Nestern fliegen würden. Unter dem Gewicht der Fleischstücke würden die Nester aber von den steilen Hängen herunterkrachen. Daraufhin würden die tollkühnen Araber unter Lebensgefahr den Zimt aus den kaputten Nestern am Boden aufsammeln. Noch im siebten Jahrhundert nach Christus dachte mancher Gelehrter im Abendland, der Pfeffer würde in Indien an irgendwelchen Südhängen wachsen und von Giftschlangen bewacht werden. Zur Erntezeit würden die Eingeborenen Feuer legen, um die Giftschlangen zu vertreiben und zugleich mit der Hitze den Pfeffer rösten.

Es dauerte nach dem Ende der Römer bis zur ersten Jahrtausendwende, das der Handel zwischen Europa und Indien wieder aufgenommen wurde. Kaufleute aus Genua und Venedig knüpften zu jetzt muslimisch-arabischen Händlern Kontakte und das Byzantinische Reich war die vermittelnde »Brücke« zwischen Italienern und Arabern, denn Konstantinopel war ein wichtiger Umschlagplatz für den wiederbelebten Handel. Venedig unterhielt gute Geschäftsbeziehungen zu den oströmischen Kaisern, wesentlich bessere als der Konkurrent Genua und verdiente sich zwei Jahrhunderte lang als Monopolist von exotischen Gewürzen Dogenpalast und Markusdom. Für Venezianer und Araber eine Win-win-Beziehung.

Der portugiesischen und spanischen Krone war die Venedig-Arabien-Achse allerdings ein Dorn im Auge. Die beiden Seemächte wollten ebenfalls ein großes Stück vom profitablen Gewürzkuchen abhaben und suchten begierig nach einer Möglichkeit, die venezianischen und arabischen Zwischenhändler auszuschalten. Vor allem deshalb begannen sie, einen Seeweg nach Indien zu suchen. Den italienischen Seefahrer Christoph Kolumbus ließen beide Königshäuser dennoch mehrfach abblitzen. Sie hielten wahlweise seine angedachte Route für zu unrealistisch, seine Bedingungen für zu dreist oder die Kosten für viel zu hoch, um seine Reise zu sponsern. Von den Pingpong-Absagen der iberischen Königshäuser demoralisiert, wollte sich Kolumbus die französische Krone als Sponsor seines Projekts anlachen, als die eifrige Glaubenskämpferin und Königin von Kastilien, Isabella die Katholische, auf Druck ihrer Berater einlenkte: Kolumbus war vielleicht ein dreister Spinner mit Schulden, aber vom unwahrscheinlichen Erfolgsfall der Expedition wollte man dann doch lieber selbst profitieren. Bekanntlich landete Kolumbus 1492 auf den Bahamas vor Nordamerika und die anschließende systematische Ausbeutung von Mensch und Natur gestaltete sich für Spanien als sehr lukrativ, für die Ureinwohner des »neuen« Kontinents hingegen als desaströs. Nicht gestraft genug, nannte Kolumbus die Ureinwohner auch noch »Indianer« und behauptete bis zu seinem Tod hartnäckig, er hätte den westlichen Seeweg zum indischen Subkontinent entdeckt. Daran konnten auch drei weitere Reisen und das Betreten des amerikanischen Festlandes beim letzten Trip nichts ändern. Er legte auf alle seine Entdeckungen die Indien-Schablone drauf und kam zum für ihn eindeutigen Ergebnis: Flora, Fauna und Menschen mussten indisch sein. Allerdings hatten die Europäer damit den Seeweg nach Indien immer noch nicht gefunden.

Sechs Jahre nach Kolumbus erster Landung auf den Bahamas erledigte das der portugiesische Seefahrer Vasco da Gama. Von Heinrich dem Seefahrer, der selbst nie zur See fuhr, initiiert und unterstützt, hatten Da Gamas Vorgänger bereits das Kap der Guten Hoffnung an der Südspitze Afrikas erreicht und erkundet. Mit seiner kleinen Flotte von vier Schiffen machte Da Gama die Umrundung Afrikas komplett und landete im späten Frühjahr 1498 in Kalikut an der indischen Malabarküste. Beim Betreten der Küste schmetterten die Portugiesen:»Für Christus und Gewürze!«, wobei der missionarische Teil ihres Schlachtrufs überflüssig war, da dort schon lange die Nachfahren syrischer

Christen lebten. Obwohl Vasco da Gamas mickrige Gastgeschenke für den König von Kalikut eher eine Beleidigung waren – etwas Baumwolle, Zucker, Honig und Olivenöl – durfte er im Herbst desselben Jahres mit Pfeffer und anderen Gewürzen beladen, aber ohne die erhofften Handelsverträge, nach Portugal zurückkehren. Auch soll er den König gefragt haben, ob er einige Pfeffersträucher zum Verpflanzen mitnehmen dürfe. Während seine Höflinge auf die Bitte wütend reagierten, antwortete der König lässig: »Unseren Pfeffer kannst Du mitnehmen, aber unseren Regen wirst Du niemals mitnehmen können.« Er wusste um die besonderen klimatischen Bedingungen seiner Heimat und die für Pfefferanbau notwendigen starken Regenzeiten. Vasco da Gama hatte einen Finger bekommen, er wollte natürlich die ganze Hand und segelte vier Jahre später mit über zwanzig Kriegsschiffen erneut an die Malabarküste. Seine Kriegsflotte versenkte mehr als 100 indische und arabische Schiffe im Indischen Ozean, die seine erneute Landung verhindern wollten, und diktierte anschließend den lokalen Herrschern, mit wem sie ab jetzt den Gewürzhandel zu betreiben hatten und natürlich zu welchen Bedingungen. Damit war die arabisch-venezianische Win-win-Achse erledigt.

Mitteleuropäische Abnehmer wie die Deutschen hielten zwar noch eine Weile Venedig die Treue, aber die Lagunenstadt erlangte nie mehr ihre alte exponierte Rolle beim Gewürzhandel. Lissabon wurde zum neuen europäischen Hotspot für indische Gewürze und erstmals kamen durch den Seehandel größere Mengen an Pfeffer auf den europäischen Markt. Einige Jahrzehnte lang machte der Pfeffer Lissabon und die Portugiesen enorm reich, aber Reichtum allein reichte ihnen nicht, Indien sollte auch christianisiert werden. Im Vordergrund stand zunehmend die Zwangsmissionierung der Inder und weniger der Anbau und Handel mit Gewürzen. Eine brillante Idee, denn mit dem Bekehrungseifer zum Katholizismus wurden die Besatzer bei den Einheimischen noch verhasster als sie es ohnehin schon wegen der gnadenlosen und brutalen Ausbeutung waren und schaufelten sich ganz christlich das eigene Grab. Das neben Spanien mächtigste Land der Welt verlor seine bestimmende Rolle auf dem Subkontinent und war spätestens 1580 als Global Player erledigt, weil es vom Konkurrenten Spanien »geschluckt« wurde.

Spanien hatte die Herrschaft über Portugal übernommen, hielt aber genauso wenig vom freien Handel wie der ehemalige Antagonist und drängte ausländische Kaufleute wie die Holländer vom Markt. Bis dahin waren Niederländer hauptsächlich die europäischen Gewürz-Distributoren Portugals gewesen, aber sie hatten Pfeffer geschmeckt, begannen eigene Schiffe nach Asien zu schicken und setzten sich auf den Gewürzinseln, dem heutigen Indonesien fest. Um sich noch besser gegen die spanisch-portugiesischen Platzhirsche in Asien behaupten zu können, gründeten holländische Kaufleute und kleinere holländische Firmen 1602 eine große Kompanie mit dem Namen »Vereenigde Oost-Indische Compagnie" (VOC). Inder und Indonesier kamen vom Regen in den Monsun, denn die VOC ging noch brutaler gegen die Bevölkerungen und den iberischen Konkurrenten vor. Auf dem Höhepunkt ihrer Macht, in der zweiten Hälfte des 17. Jahrhunderts, war die VOC das reichste Unternehmen der Welt, zahlte ihren Eigentümern enorme Gewinne aus dem Gewürzhandel und unterhielt staatengleich fünfzigtausend Angestellte, dreißigtausend Soldaten und 200 teilweise bewaffnete Schiffe.

Der Aufstieg des flächenmäßig eher mickerigen Hollands zur asiatischen Kolonialmacht weckte auch bei anderen Europäern das Jagdfieber. Englands Antwort auf die VOC war die »English East India Company« (EIC), die sogar schon 1600 gegründet wurde und sich trotz vieler Konflikte mit der VOC als zweiter Platzhirsch in Asien etablieren konnte. Weitere europäische Staaten folgten mit Gründungen von Handelsgesellschaften, um in den Asienhandel miteinzusteigen, Friedrich der Große ließ die »Königlich Preußische Asiatische Compagnie« gründen und selbst das traditionell maritime Österreich gründete eine Indien-Handelsgesellschaft, der eine überraschend kurze Lebenszeit beschieden war. Ihr Expansionsdrang gipfelte in der Landung auf den Nikobaren, einer kleinen Inselgruppe im Golf von Bengalen, die heute zu Indien gehört. Österreich reklamierte für satte 12 Jahre die Inselchen für sich und stationierte sechs Soldaten zur Wahrung des Anspruchs. Nach nur fünf Jahren allumfassender Besatzung verstarb aber der letzte der Sechs und nach weiteren sieben Jahren mit Anspruch aber ohne Präsenz trat Österreich die Inselgruppe generös an Briten und Dänen ab.

Wirklich dominant blieben aber Holländer und Briten, die beiden Kolonialmächte kriegten den Hals nicht voll, lieferten sich mehrere »Gewürzkriege« in Asien und massakrierten gerne die Angestellten der anderen Handelsgesellschaft, weil der Handel trotz neuer Anbaugebiete und immer größerer Ausfuhrmengen nach wie vor sehr profitabel war. In Europa wurde der Pfeffer dadurch billiger und im 19. Jahrhundert konnte sich schließlich jedermann die schwarzen Körner leisten. Die Leute benutzten Pfeffer zum Würzen ihrer übersichtlichen Gerichtepalette, vor allem aber um schon faulendes Fleisch noch schmackhaft zu machen. Denn schmeckt etwas fad, faul oder gar nicht, mit Pfeffer induziertem Schmerz auf der Zunge merkt man davon nicht mehr viel.

Derzeit ist Vietnam mit einem Anteil von circa 40% der größte Pfefferproduzent der Welt, auf dem zweiten Rang folgt Brasilien. Indien spielt beim globalen Handel keine große Rolle mehr, der einst jahrhundertelang unfreiwillige Lieferant europäischer Kolonialländer stellt zwar immer noch große Mengen an gutem Pfeffer her, deckt aber damit hauptsächlich den einheimischen Bedarf. Kein anderes Gewürz spielte in der Geschichte der Menschheit eine wichtigere Rolle. Im Heimatland bald nach der Kultivierung als alltägliches Gewürz geschätzt, beflügelte das schwarze Gold die Phantasien der Menschen in Europa. Über das ferne Land im Osten, aus dem diese aromatischen, würzigen und teuren Körner kamen, wusste man sehr wenig und glaubte umso mehr den sagenhaften Geschichten. Es musste paradiesisch sein, denn dort gab es alles im Überfluss: Exotische Gewürze und Speisen, geheimnisvolle, schöne Frauen, phantastische Tiere und viel Gold. Wer es dort hinschaffte, kehrte als reicher Mann zurück, der Phantasie waren keine Grenzen gesetzt, denn auch schon damals galt: Woanders ist es immer schöner!

Also machten sie sich auf den Weg, stachen in See und suchten das gelobte Land, in dem der Pfeffer und andere exotische Gewürze wuchsen. Die Suche ließ Kolumbus versehentlich Amerika entdecken, Vasco da Gama den Seeweg nach Indien vollenden und seinen Kollegen und Landsmann Pedro Álvares Cabral, der die zweite See-Expedition nach Indien leitete, in Südamerika landen. Der Äquatorialstrom hatte ihn westwärts bis an die Küste Brasiliens getrieben. Auch bei der ersten Weltumseglung der Geschichte durch einen weiteren Portugiesen, Fernando Magellan, war der Motor die Suche nach den Gewürzinseln im heutigen Indonesien. Pfeffer führte Abenteurer, Kaufleute, Städte und ganze Länder zu sagenhaftem Reichtum und ließ das kleine Europa die große, weite Welt entdecken. Um es dann nach allen Regeln der Kunst auszubeuten.

Bei jedem Ereignis, das uns irgendwie bedeutend erscheint – und leider finden wir geradezu jedes Ereignis bedeutend – findet sich immer einer, der sofort behauptet, heute würde Geschichte geschrieben. Das einst schwarze Gold hat das aber tatsächlich, es hat Geschichte geschrieben. Wenn das nächste Mal beim

Lieblingsitaliener der untersetzte Kellner mit kurzem

Hals, schwarzer Hose und über die Plauze spannendem weißen Oberhemd an den Tisch kommt und die Pfeffermühle, die so lang wie sein Rumpf ist, mit großer Geste über den Pastateller kreisen lässt, könnte man ein paar Gedanken an die historische Bedeutung der kleinen schwarzen Körner verschwenden. Und damit wunderbar das Kichern unterdrücken. Prego.

IM MITTELALTER

Phrasen und Sprüche sind eine schöne Sache. Sie sind das Dressing in unserem Wortsalat und sorgen für einen reibungslosen Ablauf in der Kommunikation. Es gibt großartige wie »So, wie du arbeitest, würde ich mal gerne Urlaub machen«, sinnfreie wie »Sei Du selbst« oder »Magie ist da wo du bist«. Oft sollen sie auch trösten und machen dadurch das eigentlich Trostlose nur noch schmerzlicher. Besonders Allgemeinplätze über das Alter und das Altern gehören in diese Kategorie. Man soll ja »so alt sein, wie man sich fühlt«, mit dem Alter soll man »reifer, ruhiger, vernünftiger« werden und besonders lebenslustige Geriatriker verkünden gern: »Alt ist das neue jung!« Ich befinde mich gerade – sehr optimistisch geschätzt – am Anfang der zweiten Hälfte meines Lebens und wenn ich faltige, geschminkte Mumien sehe, die in Talkshows über die Schönheit des Sex jenseits der siebzig schwadronieren, kann ich bestätigen, dass alle Sprüche über die Vorteile des Älterwerdens Quatsch sind.

Nur zwei Phänomene des Alterns konnte ich bisher zweifelsfrei feststellen. Sie sind die exakte Umkehrung des alten Lateinerspruchs »Mens sana in corpore sano«. Mit zwanzig wäre es mir nie eingefallen, über meine Gelenke zusprechen. Sie waren da, erfüllten ihre Aufgabe und muckten sonst nicht auf. Inzwischen, mehr als doppelt so alt, kann ich sie hören, und mein linkes Knie zum Beispiel ist das Ebenbild der Nahost-Krise. Täglich gibt es Neuigkeiten, selten gute und nichts wird besser, wobei mein Meniskus dem Land der Palästinenser ähnelt. Er wird Stück für Stück weniger, weil bisher noch jeder Orthopäde meines Vertrauens seine Untersuchung mit dem obligatorischen »Da müssen wir ein Stück entfernen und den Rest glätten« abschloss. Ich fühle mich generell immer öfter wie eine türkische Oma, die wöchentlich ihren Hausarzt aufsucht und auf die einfache Frage, »Wo tut es denn diesmal weh?« mit einem Gejaule antwortet, das die Praxiswände erschüttert: »Ach, Herr Doktor! Was tut nicht weh? Was tut nicht weh? Gestern Nacht war ich tot. Aber heute geht wieder …«

Noch deprimierender ist es zu sehen, welchen großen Raum das Thema Verdauung in meinem Alltag einnimmt. Als Jungspund war ich ein glücklicher Allesfresser, der zu jeder Tages- und Nachtzeit schwerste Kost vom triefenden Dönerteller bis zum zwei Pfund schweren Bauernfrühstück in seinen Magen schaufeln, dazu Unmengen von schwarzem Tee oder Bier trinken und danach trotzdem wie ein junger Gott schlafen konnte. Und niemals, wirklich niemals über »gesunde Ernährung«, »Ballaststoffe«, »Leinsamen« oder »Verdauung« sprach. Ich bin mir auch sicher, dass diese Begriffe in meinem Wortschatz nicht vorkamen.

Ballaststoffe und Verdauung waren die Sache alter Säcke, und mit gesunder Ernährung beschäftigten sich nur sensitive Weicheier. Mit alldem hatte ich nichts zu tun, ich aß und sehr oft fraß ich. Inzwischen ertappe ich mich des Öfteren beim Smalltalk über »gesunde Ernährung« und mir gehen im Alltag Floskeln über die Lippen, für die ich mich gleich im Anschluss furchtbar schäme: »Mir ist jetzt nach was Leichtem«, »Du, ist lieb gemeint, aber danach kann ich bestimmt nicht mehr schlafen« oder »Ein kleiner gemischter Salat mit einem Hauch Balsamico wäre jetzt schön«. Erbärmlich.

Ganz undeutsch lehne ich mich manchmal gegen mein Schicksal auf und esse aus Prinzip nachts um zwei einen riesigen Dönerteller bei meinem Lieblingstürken, der ein Kurde ist, und zahle selbstverständlich mit einer schlaflosen Nacht und Sodbrennen. Den gesamten Vormittag ist mir dann kotzübel, aber so viel sind mir die Spurenelemente meines jugendlichen Reststolzes noch wert.

Bis heute habe ich nicht kapiert, was der Kreislauf ist. Obwohl schon die alten Medizin-Helden aus meinem »Kulturkreis« wie Ibn Sina alias Avicenna wussten, dass Körper und Geist verbunden sind und bei der Heilung die Seele eine genauso wichtige Rolle wie der Leib spielt. Vermutlich habe ich auch einen, also einen Kreislauf, was da aber in meinem anfangsmorschen Körper im Kreis laufen soll, erschließt sich mir nicht. Ich kenne Blutkreislauf, Schwindelgefühle, und wenn ich den Worten meiner Umwelt Glauben schenke, bilden Geist und Fleisch selbst bei mir eine Einheit, die wiederum mit meinem Kreislauf auf mysteriöse Weise vereint ist. Aber woraus diese Einheit besteht? Keine Ahnung. Dennoch werden mir ständig Kreislaufprobleme attestiert. Wenn ich nichts essen mag, nach einer Minute Treppensteigen schwitze oder schwer aus dem Bett komme, heißt es sofort: »Das ist bestimmt dein Kreislauf!« Okay – und jetzt? »Du musst mehr trinken, du musst mehr Sport machen« sind noch Tipps von der seriösen Sorte. Schwer aus dem Bett kommen gab es in meiner Jungend auch nicht, denn wenn ich mal schwer im Bett war, blieb ich konsequenterweise gleich liegen! Dann kam meine Mutter, wendete mich zwecks Dekubitusprophylaxe, ich schlief weiter und versuchte es am nächsten Morgen mit dem Aufstehen.

Immerhin habe ich verstanden, welche körperlichen Gebrechen dem Kreislauf zugeschrieben werden. An allem, was nicht klaffend blutet oder gebrochen ist, was aber trotzdem schmerzt, ist der Kreislauf schuld. Vermutlich ist die Ursache vieler vergangener Kriege in den Kreislaufproblemen der jeweiligen Könige und Diktatoren zu suchen.

Soweit ich es beurteilen kann, ist mein Geist noch recht gesund und fidel, er entwickelt aber eine Haltung, die mich zwischen Freude und Sorge schwanken lässt. Sorge bereitet mir meine sukzessive größer werdende konservative Einstellung, Freude hingegen die reaktionären Auswüchse darin. Bis zu meinem 30. Geburtstag fand ich die Achtziger, das Jahrzehnt meiner Jugend, in allen Facetten grauenhaft. Inzwischen finde ich sie gar nicht so übel, und in zehn Jahren werde ich sie wahrscheinlich fabelhaft finden. Nicht weil ich schon an einsetzender Geschmacksverirrung leide, denn selbst Leute, die dieses Jahrzehnt größtenteils unser dem Einfluss synthetischer Drogen und Alkohol verlebt haben, werden bestätigen, dass die Achtziger ästhetisch betrachtet unter allen Jahrzehnten des vergangenen Jahrhunderts mit Abstand die scheußlichsten waren. Schulterpolster, Dauerwelle und fein säuberlich aufgekrempelte Karottenjeans verstoßen für mich bis heute gegen die Genfer Konvention.

Dennoch mag ich die Achtziger, mitnichten war damals einiges besser, aber etliches einfacher. Der Russe war böse, der Ami war gut, statt vor der Klimakatastrophe, Fracking, Ebola und dem Islam hatte man vor Modern Talking und dem Atomkrieg Angst. In dieser Reihenfolge. Walken hieß Spazierengehen. Es gab noch keine freilaufenden Hühner, sondern ordentliche Legebatterien, Ernährung war keine Wissenschaft sondern eine Notwendigkeit. »Star-Köche« waren am Herd und nicht dauernd im Fernsehen. VW, Mercedes, Audi und BMW bauten saubere Diesel und angefangene Großprojekte wurden in der Regel auch beendet. Es gab kein ganzheitliches Denken, sondern einheitlich hässliche Mode, ein Mann musste kein Verständnis, sondern Brusthaare haben und Geburt war Frauensache. Die Erde war groß und unergründlich, nicht ein globales Dorf. Man hätte jeden Selfie-Junkie wegen narzisstischer Störung in die Klapse eingewiesen. An diesem schlichten und provinziellen Weltbild finde ich immer größeren Gefallen.

Dabei fühle ich mich durch technische Errungenschaften der Gegenwart keinesfalls permanent überfordert, ich kann Stunden mit den total »revolutionären«, neuen Funktionen meines neuen iPhones verschwenden, wissend, dass ich sie niemals brauchen werde. Aber mich nerven manche Komponenten unseres Zeitgeistes. Ich will nicht ewig jung bleiben, ich will eines Tages als alter Patriarch respektiert werden und nicht mit halb so alten Männern über Fitness quatschen müssen. Sollte man mich jemals mit einer lächerlichen Leggins bekleidet und zwei Nordic-Walking-Stöcken im Park erwischen, darf man mich getrost entmündigen. Für meine Kinder will ich kein Partner sein, kein »cooler Dad«, den sie »Kerim« rufen dürfen, sondern ihr Papa, ihr Chef. Ich bin gerne Chef, wie jeder andere anständige Orientale auch! Diese These lässt sich leicht verifizieren, dazu besuche man einen beliebigen Dönerimbiss. Auch wenn der Landsmann nur zwei Quadratmeter Verkaufsfläche hat und Getränkekisten als Sitzgelegenheit. Einen Assistenten, den er herumkommandieren kann, hat er immer. Warum? Er ist gerne Chef.

Meine noch kleinen süßen Scheißer müssen mir ja nicht, wie im Orient üblich, bei jedem religiösen Fest die Hand küssen oder mich glauben lassen, mein Wort sei Gesetz. Aber ich werde mit ihnen ganz sicher nicht den ersten Alkohol trinken und auch nicht den ersten Joint rauchen. Sie müssen mich nicht lieb haben, sie können mich beizeiten gerne hassen. Genauso wenig werde ich sie »aufklären« und ihnen jedes Verbot, das ich ausspreche, lang und breit erklären. Ich will ihnen zumindest den Teil an Geheimnissen und Verboten lassen, den ich ihnen heutzutage noch lassen kann. Weil ich immer noch nichts Schlechtes an den zwei Dingen finden kann, die meine Kindheit und Jugend ausgemacht haben, Auflehnen und Entdecken.

Ich bewundere die alten Haudegen Hollywoods wie Robert Mitchum, Kirk Douglas, Humphrey Bogart. Sie waren männlich, wortkarg, unrasiert, führten keine Beziehungsgespräche, mussten sich nicht »in ihrem Rollenverständnis neu definieren« und man traf sie ganz sicher nicht bei der Familienaufstellung. Sie mussten nicht »zuhören und sich reinfühlen«, sondern zuschlagen und schießen, wenn es drauf ankam. Die heutigen metrosexuell »angetouchten« Fußball- und Musikstars, die mit rasierter Brust, gerupften Brauen und glitzernden Diamanten im Ohr umhergockeln, würde ich am liebsten zur Wiederentdeckung ihres eigentlichen Geschlechts in ein nordkoreanisches Militärcamp stecken. Diese schreckliche Feminisierung hat selbst die Mauern der letzten rein männlichen Bastionen geschleift. Jeder moderne Fußballlehrer mit hautengem Hemd, schickem Sakko und gefärbten Haaren doziert über »flache Hierarchien«, »abkippende Sechser«, seine »Spielphilosophie« und »proaktives Spiel«. Als würde er nicht elf junge Männer trainieren, die in kurzen Hosen einem Ball hinterherhecheln, sondern einen multinationalen Konzern führen. Keiner dieser mit reichlich »soft skills« ausgestatteten Halbmodels mit ihrem riesigen »Staff« kann meinem ewigen Trainerhelden Ernst Happel das Wasser reichen.

Happel war ein mürrischer alter Österreicher, der während des Spiels schweigend und ketterauchend auf der Trainerbank saß. Man konnte den Ascheberg zwischen seinen Füßen 90 Minuten lang wachsen sehen. Egal ob seine Mannschaft haushoch gewann oder eine demütigende Niederlage einsteckte, sein Gesicht zeigte keine Regung. Mit dem Schlusspfiff drückte er die letzte Zigarette aus und ging schnurstracks in die Kabine. Er gab kaum Interviews und wenn, gab er brillante Ein-Satz-Antworten oder schwieg. Auch trug er kein lächerliches Werbelogo am Revers und erzählte kein dummes Zeug wie etwa, dass »jede Niederlage ja auch eine Chance« ist.

Überhaupt kann ich diesem Positivismus nicht viel abgewinnen, dieser Umdeutungs- und Umbenennungsmanie. Was ist daran verkehrt, wenn man die Dinge beim Namen nennt? Eine Niederlage ist erst mal eine Niederlage, keine Chance, sie frustriert und deprimiert. Wenn sie eine Chance wäre, würde sie auch so heißen. Ein Türke ist auch kein Mensch mit Migrationshintergrund, sondern ein Türke. Jemand, der sich zukünftig nur noch auf seine »Kernkompetenz fokussieren« will, leidet einfach an Selbstüberschätzung. Der Glaube, alles Negative oder Niederschmetternde würde sich mit dem richtigen Coaching und »neuronaler Programmierung« ins Gegenteil wenden, treibt manchmal die seltsamsten Blüten. Es gibt nicht wenige Esoteriker in diesem Land, die zum Beispiel in einem Krebstumor nur ein Signal sehen. Ein Signal, das der Körper aussendet, weil der Kranke wohl nicht im Einklang mit sich selbst und dem Kosmos gelebt hat, er in gewissem Maße also selber schuld ist an der Krebserkrankung. Ist es sehr reaktionär, wenn man so einem Globuli-Hansel viele Signale des Körpers wünscht?

Unter Altersgenossen beiderlei Geschlechts lösen meine gesammelten Erkenntnisse über das Jungbleiben, zur Ernährung und Erziehung, zum männlichen Rollenbild und positivem Denken oft Irritationen, noch öfter Kopfschütteln aus und werden als »von gestern« abgekanzelt. Was mich nicht stört, denn ich tröste mich mit den Worten des Schriftstellers und Schauspielers Curt Goetz: »Wer in einem gewissen Alter nicht merkt, dass er hauptsächlich von Idioten umgeben ist, merkt es aus einem gewissen Grunde nicht.«

OPTIMAL ERLEUCHTET

Man kann den Arabern wirklich viel vorwerfen. Was sie nicht alles nach Europa eingeschleppt haben! Leckere Speisen wie Hummus und Falafel, den Islam und eine Sprache, die viele Kehllaute, etliche Konsonanten und nur drei Vokale hat. Dafür aber über einen Wortschatz, eine Ausdrucksstärke und Anpassungsfähigkeit verfügt, gegen die andere Sprachen wie das süße limitierte Geplapper von Vierjährigen wirken. Man kann ihnen aber nicht vorwerfen, dass sie Yoga nach Europa gebracht hätten. Das haben sich die Europäer selbst aus Indien geholt und ganz vorneweg die Deutschen. Wenn sich nämlich der Deutsche, in diesem Fall treffender, die Deutsche, einer Sache annimmt, dann gründlich! Yoga ist in Deutschland allgegenwärtig, es gibt keine Volkshochschule und keinen Fitnessclub mehr, der nicht auch Yoga-Kurse im Programm hätte. Es gibt keinen Werbeclip von Krankenkassen, Versicherungen, Mineralwassern und Pflegeprodukten, in denen nicht faltenfreie und durchtrainierte Frauen beim Sonnenuntergang mit einem Lächeln im Gesicht den Sonnengruß vorführen. Denn Yoga ist modern, friedlich, toll, irgendwie weiblich, gesund, angesagt, total ästhetisch und gut gegen ... eigentlich alles.

Die rührenden durchgehend männlich dominierten Islam-Verbände versuchen seit Jahren den Status einer staatlich anerkannten Religionsgemeinschaft zu erlangen. Sie sollten sich unbedingt das Marketing der Yoga-Bewegung abgucken; viel früher als der Islam wird nämlich Yoga als Religionsgemeinschaft anerkannt werden. Gut möglich, dass in nicht allzu ferner Zukunft diese philosophische und körperliche Lehre aus Indien mehr Anhänger in Deutschland haben wird als die drei monotheistischen Weltreligionen. Die Deutschen haben einen Narren an Yoga gefressen und keiner weiß so richtig, warum.

Das oder der Yoga kommt aus Indien und ist, wie allenthalben gerne erwähnt wird, über 3000 Jahre alt. Vermutlich war Yoga noch vor den Ureinwohnern des Subkontinents da. Es taucht in den ältesten indischen Texten auf, die so schöne Namen tragen wie »Ältere, mittlere und jüngere Upanishaden«. Die wiederum nur ein Teil der Veden sind, der religiös-philosophischen Texte in Sanskrit. Der Versuch, die verschiedenen Unterabteilungen und Schulen des Yoga kurz und bündig vorzustellen, kann nur grandios scheitern und würde nur die Anhänger der jeweiligen »Schulen« auf die Barrikaden bringen, denn selbstverständlich ist dieser Sport, also dieser ganzheitliche Lebensansatz aus dem fernen Orient immer »viel mehr« als nur die

Abfolge körperlicher Übungen zu meditativer Stille oder meditativer Musik. Wir erkennen in weiser Voraussicht die eigene philosophisch-mystische, körperlich-elastische Beschränktheit an und halten uns an den hoffentlich kleinsten gemeinsamen Nenner, den Duden: Yoga ist eine »indische philosophische Lehre, die durch Meditation, Askese und bestimmte körperliche Übungen den Menschen vom Gebundensein an die Last der Körperlichkeit befreien will.« Und befreit werden wollen verdammt viele.

Man kann die komplexe Historie des Yoga studieren oder einfach beobachten, was Menschen alles in diese Lehre hineinpacken und aus ihr herausziehen. Es geht zwar irgendwie um die Erleuchtung durch Meditation, aber eigentlich um viel mehr. Yoga ist ein essenzieller Bestandteil unserer Selbstoptimierung. Die geistigen und körperlichen Übungen sollen uns ausgeglichener, physisch und psychisch robuster, leistungsfähiger, glücklicher und vor allem leichter machen, bei gleichzeitig inbrünstig empfundener philosophischer Tiefe. Wir wollen schließlich das ganze Paket. Bei der Arbeit wie eine Maschine ohne Burn-out und Stress-Symptome funktionieren und in der Freizeit im Einklang mit Natur und Kosmos leben. Um es noch besser mit den Worten von Deutsch-Pop-Songs und Lifestyle-Magazinen auszudrücken:»Mit beiden Beinen auf der Erde stehen und dabei den Blick gen Sterne richten, mit dem inneren Kind versöhnen, bei uns selbst ankommen, ausleben und einkehren, innehalten und rennen, uns selbst lieben lernen, lachen und weinen, Reisen und Wurzeln schlagen, jung bleiben und weise sein.« Wer jetzt fragt, wer uns denn an all dem bisher gehindert hat, versteht nichts vom Leben und Leiden schöner und erfolgreicher Mitteleuropäer.

Für diese Sehnsüchte, für die Überwindung der Entfremdung von uns selbst und von Gott weiß was, ist Yoga das ideale Werkzeug, denn hagere ältere Männer, die mit entrücktem Blick stundenlang in den abenteuerlichsten körperlichen Verrenkungen verharren oder auf Nagelbrettern schlafen, können nicht falsch liegen. Erlösung durch Jesus war gestern. Erleuchtung durch Yoga ist heute. Kaum einer von uns hat auch nur eine der vielen, vielen heiligen Schriften der Inder gelesen, weder im Original, noch in der Übersetzung, irgendwie sagen uns Begriffe wie Mantra, Tantra, Shakra, Veda, Karma, Yogi und Bhagavad-Gita etwas und irgendwie auch nicht. Kann es eine schönere Projektionsfläche geben? Yoga ist ein Gedankennebel, den alle als angenehm empfinden und beim Smalltalk gern hin- und her pusten. Yoga ist toll und ganz wichtig: Yoga ist modern. Oder kennen sie jemanden, der Yoga einfach scheiße findet? Wenn sie so einen Menschen kennen, was sehr unwahrscheinlich ist, dann erklären sie ihm bitte, dass man Yoga gut finden muss!

Im Alltag kann man die besänftigende und ausgleichende Tiefenwirkung von Yoga wunderbar bestaunen. Der Autor dieser Zeilen hat drei Kinder durch insgesamt fünf Jahre Grundschule gebracht und in dieser Zeit mehrere Hundert Euro für Kinderyoga bezahlen dürfen. Auf die von einer externen Yogini angebotenen Kurse war die Grundschule immer besonders stolz. Und was soll man sagen? Es war eine nachhaltige Investition in die Zukunft. Die Kinder haben zu Hause immer dann ein immenses Bedürfnis sofort zu meditieren, wenn es ans Aufräumen, Umziehen und Zähneputzen geht. Zwar streiten sich die drei Engel keinen Deut weniger als früher und kratzen sich immer noch liebend gern die Augen aus, aber sie tun das viel bewusster, was die Sache für die Erziehungsberechtigten unglaublich vereinfacht. Nicht nur Kinder benutzen Yoga für irdische Zwecke und haben Freude daran. Zum 100. Jubiläum der Berliner Philharmoniker brachte der legendäre Geiger und Dirigent Yehudi Menuhin 1982 den Musikern des deutschen Kulturheiligtums ein besonderes Geschenk mit. Er machte am Pult einen Kopfstand und dirigierte eine Minute lang eine Kurzfassung von Beethovens Fünfter Symphonie mit den Füßen. Wenn man die verdutzten Gesichter der Philharmoniker betrachtet, kann man erahnen, wieviel Freude Menuhin sein Gag gemacht haben muss.

Bei einem Thema stößt die indische Lehre von der vollkommenen Leere und Erleuchtung allerdings an ihre Grenzen und versagt kümmerlich, beim Straßenverkehr. Denn so wie bei dem US-Amerikaner der Verstand aussetzt, wenn es um Waffenbesitz geht und beim Türken, wenn es um Nationalstolz geht, so setzt beim Deutschen augenblicklich der Verstand aus, wenn er mobil ist. Ob als Fußgänger, Radfahrer, Biker, E-Biker oder Autofahrer, will er von A nach B, wird er zum Dschihadisten, der alle anderen Verkehrsteilnehmer als natürlichen Feind betrachtet und keine Gefangenen macht. Ihm gelingt sogar das Kunststück, in der Fernbahn verbal die Lichthupe zu betätigen, denn sobald er sich seinem Platz nähert, ruft er schon von weitem mit prophylaktischer Freundlichkeit:»Ich hab reserviert!« Der Yoga-Kurs, der Deutsche zu höflichen Reisenden macht, muss erst noch erfunden werden.

Laut Statistiken sind etwa dreiviertel der deutschen Yoga-Fans weiblich, was dem Ganzen einen noch friedfertigeren Anstrich verpasst. Die Damen haben sich Yoga vollkommen zu eigen gemacht und scheinen auch keinen Anstoß an manchen verstörenden Details zu nehmen. Zum Beispiel wurde die Lehre sehr lange Zeit männlich dominiert und Frauen war das Praktizieren untersagt. Im Herkunftsland des Yoga und bei vielen Meistern, den Yogis, herrscht ein Frauenbild, bei dem es den hiesigen Anhängerinnen eigentlich den Magen umdrehen müsste. Auch das sich Yoga im Mutterland zu einer profitablen Industrie entwickelt hat, in der Meister oder die sich für solche halten, europäische Sinnsucher und Yoga-Schüler abzocken und mit einem Phantasie-Diplom zurückschicken, hat dem positiven Image nicht geschadet. Die Betrachtungsweise des Yoga steht im diametralen Gegensatz zur Betrachtung des Islam. Beim Yoga werden vor allem die positiven Aspekte wahrgenommen und die negativen ausgeblendet, beim Islam ist es genau umgekehrt. Darum könnte man die gut gemeinte aber etwas unglückliche Formulierung des Ex-Bundespräsidenten Wulff umwandeln und konstatieren: Yoga gehört zu Deutschland.

Trotzdem haben böse Muslime und gute Yogisten etwas gemeinsam. Die Motivation, sich für Veränderungen zu engagieren, leidet bei manchen Menschen unter ihrer Hinwendung zum Islam oder zu einer meditativen Praxis: Man akzeptiert Ungerechtigkeiten als Schicksal oder begreift die totale Erschöpfung in der Arbeitswelt als eigenes Problem, dem man dann mit Entspannungsübungen begegnet. Schließlich erwartet den Moslem am Ende ja das Paradies im Jenseits und den Yoga-Fan die Erleuchtung im Diesseits. Wenn man nur lang genug durchhält. Auch wenn Erleuchtung die Selbstausbeutung vermutlich nicht stoppen wird und kein erstrebenswerter Dauerzustand ist. So sagt es zumindest einer der berühmtesten und einflussreichsten Yogi der letzten Jahrzehnte, der 2014 verstorbene Bellur Krishnamachar Sundararaja Iyengar, kurz B.K.S. Iyengar:»Ich falle gelegentlich in diesen Zustand, aber ich möchte nicht dauernd in ihm sein. Wenn du erleuchtet bist, kannst du keinen Bus nehmen. Wenn alles eins ist, woher willst du dann wissen, welcher Bus der richtige ist?«

Bibliografische Information der Deutschen Nationalbibliothek
Die Deutsche Nationalbibliothek verzeichnet diese Publikation
in der Deutschen Nationalbibliografie; detaillierte bibliografische
Daten sind im Internet über https://portal.dnb.de abrufbar.

climate-id.com/12559-1708-1001

Verlagsgruppe Random House FSC® N001967

1. Auflage
Copyright © 2019 Gütersloher Verlagshaus, Gütersloh,
in der Verlagsgruppe Random House GmbH,
Neumarkter Str. 28, 81673 München

Umschlaggestaltung: Elisa Eckartsberg / ee-grafik hamburg
Druck und Bindung: CPI books GmbH, Leck
Printed in Germany
ISBN 978-3-579-08677-4

www.gtvh.de